図解&
ローチャート
——でわかる

中学校社会科

教材
研究
のすべて

川端裕介 著

明治図書

まえがき

　教材研究の対象は幅が広く，抱くイメージは人によって様々です。私は，教材研究を別のものにたとえるなら「着るのが楽しくなる普段着」や「食べるのが待ち遠しい給食」というイメージがあります。

　教材研究を服にたとえると，パーティー用のドレスや式典の晴れ着ではありません。普段着ではあるけれど，組み合わせの工夫やちょっとしたこだわりがあり，繰り返し着ていると元気が出るような服です。

　教材研究を食事にたとえると，特別なごちそうをつくることは目指しません。目指すのは，学校の給食です。給食のように，必要な栄養素が確保されていながら，おいしく飽きずに食べることができる工夫を図ります。

　教材研究に対して給食や普段着というイメージをもつと，多岐にわたる教員の仕事の中でも，教材研究は特に奥深く，面白いものに感じます。このようなイメージに沿って，本書では教材研究を次のように定義付けています。

・素材の教材化に加えて，子どもの学び方を含めて研究をする
・授業準備とは別の創造的な営みである
・特別な場合だけではなく，普段の学びを充実させる営みである

　１点目に，独自の資料を開発したり，専門的な知識を社会科の学習の中に落とし込んだりするのは，狭義の教材化です。学習者である子どもの実態を反映して，発問のタイミングや問い返しのパターン，学習の順序，評価の方法などを工夫することを含めて，教材研究とします。教師が教える内容と方法だけではなく，子どもが学ぶ過程やゴールに着目します。

　２点目に，授業準備と教材研究を創造的であるかどうかという基準で明確に分けます。ワークシートを例にすると，ワークシートの内容や順序を考えることは教材研究に当たると考えます。しかし，ワークシートを印刷したり，

データで配信したりするのは，教材研究ではなく授業準備であると捉えます。

　３点目に，日常的な学習の改善と指導の改善に主眼を置きます。年に１度の研究授業のために教材研究をするわけではありません。１時間の授業ではなく，単元全体の学びや一年間を通した資質・能力の育成を大切にします。

　以上のような視点で，本書では教材研究の理論と実践について述べています。まずは「準備編　図解でわかる！中学校社会科の教材研究プロセス」です。教材研究の基本デザインや力点の置き方，研究成果のつなげ方などの理論を紹介しています。すべての項目で，練りに練った図解を入れました。準備編については，中学校の社会科に限らず，他の校種や教科の教材研究の理論にも当てはまる面があると思います。

　次に「実践編　フローチャートでわかる！中学校社会科の単元別教材研究モデル」です。教材研究のスタート地点と研究を進める流れや，学びを構成する要素の関連性がわかるようにフロー図で紹介しています。

　また，実践編では中学校３年間で学習するすべての単元と，単元を貫く学習課題を掲載しています。拙著『単元を貫く学習課題でつくる！』シリーズと『川端裕介の中学校社会科授業』シリーズから変更した学習課題も多くあります。子どもの学びの姿に合わせて，改善を図った最新版の学習課題を紹介しています。読者の先生方の教材研究の発想に役立つとうれしいです。

　また，すべての単元の教材研究例が載っているため，教材研究をする余裕がない時に本書をたたき台として使うと便利ではないかと考えています。先生方の関心や実態に応じて学習のデザインをアレンジして，ご活用ください。

　本書は，図解とフロー図を取り入れているように，わかりやすさを大切にしています。それと同時に，研究の奥深い世界を進む手引きになるように心がけました。わかりやすい表現で，教材研究の本質を突くことを目指しています。本書が，教材研究に取り組む先生方の「相棒」になれば幸いです。

2023年12月

　　　　　　　　　　　　　　　　　　　　　　　　　川端　裕介

CONTENTS

＼準備編／ 図解でわかる！ 中学校社会科の教材研究プロセス

＃教材研究の基本デザイン

＃教材研究の力点

\実践編/
フローチャートでわかる！
中学校社会科の単元別教材研究モデル

地理的分野

公民的分野

\ 準備編 /

図解でわかる！
中学校社会科の
教材研究プロセス

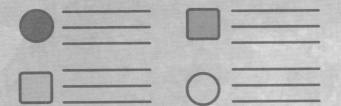

指導観と児童生徒観をつないだ 教材観をもつ

　なぜ，私たち教員は教材研究をするのでしょうか。それは，教室で向き合う子どもたちのためです。教材研究というと，「何をどう教えるか」という視点で内容と方法に目が行きます。しかし，研究の前提として「誰の学びのために」という意識が大切です。料理にたとえると，食材と調理法を極めようとして，食事を提供する相手に対する意識に欠けています。そこで，次のような視点で見極めを図り，**学習者を中心に据えた**教材研究を進めましょう。

- **必要な栄養素は何か**…子どもたちに必要な資質・能力の判断
- **好物かどうか**…内容への関心や学習に対する意欲の判断
- **食べ慣れているか**…活動や学習形態，表現方法への習熟度の判断
- **苦手なものやアレルギーは無いか**…内容及び方法への苦手意識の判断

　１点目は，子どもにとって必要な資質・能力を見極めることです。子ども一人一人の差を考慮しながら，学級としての傾向を捉えます。２点目は，子どもたちが得意とする内容や活動かどうかという視点です。３点目は，子どもたちの習熟度です。知識・技能が十分に身に付いている場合は，発展的な学習に取り組みます。また，学習の方法が定着している場合は，子どもの裁量を増やす方法もあります。４点目は，逆に苦手感や拒否感をもつ場合です。その印象を払拭して学びにつなげるように，段階を踏んだ支援をします。

　教材研究を支えるのは，内容や方法に関する教師の知識だけではありません。児童生徒観を土台にして指導観を磨き，教材観をつくり上げましょう。

目の前の子どもの実態に即した教材研究

❶子どもたちに必要な資質・能力

必要な栄養素の判断

足りない資質・能力を補い，十分な資質・能力をさらに伸ばすようにする

❷子どもたちの関心や意欲

好物の確認

関心の高い内容や意欲の高い活動を効果的に組み込む

❸子どもたちの習熟度

食べ慣れている度合い

習熟している状況であれば，応用したり発展させたりする方法を研究する

❹苦手意識や拒否感

苦手なものやアレルギーの有無

苦手意識を軽減するように良質な素材を用意して調理（教材化）を工夫する

教材研究を構成する要素を イメージする

　教材研究を充実させて，学びの質を高めるために，教材研究で押さえるべきポイントを意識しましょう。家づくりにたとえると，次の４点です。

> ・**丈夫な基礎と安全な壁や屋根**…安心して学ぶことができる集団づくり
> ・**基本の間取り**…学習指導要領に沿った目標設定や単元の構成
> ・**効率的な動線**…子どもの思考の流れを意識した学習展開
> ・**わくわくする内装**…夢中になるような問いや資料，表現方法

　１点目は，<u>学習の土台となる支持的風土</u>を醸成することです。学級が安定しなければ，仲間との対話やアウトプットができません。

　２点目は，基本に沿って研究をすることです。教材研究を進めると，独自の色を出したくなりますが，**教師の独善**になっては元も子もありません。研究の前提や大枠として，学習指導要領と関連付けるようにします。

　３点目は，**効率的な学習展開**です。授業時間は限られます。その時間の中で課題を追究しながら目標を達成するために，その教室の状況に応じた最適な方法を考えましょう。基本の展開を明確にしつつ，複数のパターンを用意しておくと，想定外の状況に対応できます。

　４点目は，子どもと教師が**夢中になって学びに没頭できるような工夫**です。特に，考えたくなる問い，好奇心を刺激する資料提示，わくわくする活動の３つを意識します。特にICT活用によって表現方法が一気に広がりました。学習の出口として，学習成果の表現方法に工夫を図りましょう。

教材研究で押さえたい４つのポイント

❶丈夫な基礎／安全な壁・屋根

学習の土台となる学級の支持的風土

自分の意見を認めてくれる仲間と一緒に，
簡単に答えが出ない課題に挑戦する

❷基本の間取り

学習指導要領に沿った目標設定・単元構成

教師の関心に沿って奇をてらうと
独善的な授業になりかねない

❸効率的な動線

学習目標を達成するために最適な学習展開

基本の展開を明確にしつつ，
複数のパターンを用意しておく

❹わくわくする内装

夢中になって学びに没頭できるしかけ

▼

問い（発問），資料提示，学習成果の
表現方法でわくわくできるようにする

#教材研究の基本デザイン

単元のコンセプトを打ち出す

子どもの資質・能力は，1回の授業で劇的に伸びはしません。単元の学習デザインが重要となりますが，次のように学習の方向性を打ち出しましょう。

- **一貫性をもたせる**…単元の学びのゴールとプロセスを明確にする
- **勝負のポイントをつくる**…力点を置く内容や活動を定める
- **こだわりを捨てる**…当初の形にとらわれずに，学習を調整する
- **具体的な「この子」を意識する**…子ども理解の解像度を上げる

1つ目は，一貫性です。単元を貫く学習課題が効果を発揮します。子どもたちが学びのゴールを意識して，ゴールへの道筋を進めるようにします。

2つ目は，単元全体や，各授業の中で勝負のポイントをつくります。「今日はこの資料の活用にこだわる」や「子どもの相互評価の場面を大切にする」などのヤマ場を設定します。そのヤマ場から授業づくりを始めると，**よい意味で授業者のこだわりが見える**単元の計画ができます。

3点目に，1・2点目と矛盾するようですが，こだわりは捨てます。学習の姿が，想定していた内容から悪い意味でかけ離れた時は，調整を図ります。

4点目に，「○○さんならどう考えるか」と，具体的な子どもを想定しながら学習をデザインします。もちろん，特定の子どもを贔屓するわけではなく，スポットライトを当てる子どもは学習ごとに変えます。「学級の実態」という漠然とした子ども観だけに留めず，**子どもの思考の流れが具体的に想像できます**。子ども理解の解像度を上げて学習をデザインします。

単元のコンセプトの打ち出し方

❶一貫性の保持

単元を貫く学習課題の設定

学習のゴールが見えるようにして，
1時間の学習で学びが途切れないようにする

❷勝負のポイントの設定

学習のヤマ場や見せ場

単元の学習や1時間の授業で「ここぞ！」と
いう学習の場面を構想する

❸こだわりからの脱却

「むやみにこだわらない」というこだわり

実際の学習こそが重要であり，無理に計画
通りに進めずに，柔軟に指導を改善する

❹子ども像の具体化

目の前の「○○さん」を想定した学習
▼

その子のためになる学習のデザインを構想
しつつ，着目する子どもを変えていく

教材研究のスタート地点を柔軟にする

　教材研究は，どこからスタートしても構わないと考えます。なぜなら，「教材研究を始めよう」と思うきっかけは，次のように多様だからです。

・**魅力的に感じる素材との出会い**…興味のあるテーマや資料の教材化
・**関心をもった学習方法の適用**…発問や学習活動，アプリへの関心
・**学級での指導のつまずき**…従来の指導の結果に対する挫折やモヤモヤ
・**周囲からの要請**…校内や自治体の研究に沿った授業づくりの要請

　素材，発問，資料，教育方法，活動形態，ICT，子どもの実態，学校の要請など，教材研究はどこからでも一歩目を踏み出すことができます。時には，前向きな事情ではなく，やむを得ず研究を始めることもあるはずです。大切なのは，学習指導要領の目標と内容につなげることです。教材研究を教師の自己満足で終わらせないために，**学びの広がりと積み上げ**を意識しましょう。

　学びの広がりとは，学習目標や習得する知識・技能，既習事項，単元の課題，各授業時間での中心発問や補助発問，資料の準備などの学習を構成する要素を関連付けることです。それらの広がりの中心になるのは，学習指導要領で定められた目標と内容です。

　学びの積み上げとは，同じ学習活動の繰り返しや単元間のつながりを意識することです。さらに，他の学年や他の校種の学習とも関連付けることで，一貫した学びができるようにします。スタートが多様である分，公教育としての学びのゴールを見失わないようにします。

教材研究の多様なスタート

❶魅力的な素材との出会い

教師が惚れ込んだ素材の教材化

素材の魅力を引き出して,
学習指導要領の目標や内容と関連付ける

❷学習理論やアプリの活用の習得

関心のある活動や手法の導入

単元を超えて継続して取り入れることで,
効果を生むように計画を立てる

❸指導のつまずき

従来の指導によるつまずきの改善

子どもの学習改善につながるように,
教師の指導の改善を図る

❹周囲からの要請

上から降りてきた研究への対応

1時間限りの特別な授業ではなく, 普段の
学びを積み上げながら研究と関連付ける

#教材研究の基本デザイン

スタートとゴールをつなぐ「見方・考え方」を想定する

　教材研究のスタートと，学習のゴールをつなげるポイントになるのが，「見方・考え方」です。見方・考え方とは，各教科等における子どもの思考の視点や方法を指します。私は，**見方・考え方とは思考の武器や技である**と捉えています。見方・考え方を働かせる方法の具体例については，拙著『川端裕介の中学校社会科授業』（明治図書出版）シリーズで詳述しています。

　教材研究では，次のように見方・考え方を活用します。子どもだけではなく，教師の見方・考え方に着目して，一貫性のある学習をデザインします。

・**思考過程の可視化**…教師及び子どもの思考の視点や方法を可視化する
・**無理のない学習展開の構想**…課題解決の道筋を絞って具体化する
・**子どもへの選択肢の提示**…学習の見通しやつまずきを支援する
・**評価の補助線**…見方・考え方を子どもに対する形成的評価に活用する

　1・2点目は教師の見方・考え方，3・4点目は子どもの見方・考え方に関する内容です。見方・考え方は，教師も子どもも無自覚に働かせていることがあります。そこで，教材研究の段階から，実際の授業に至るまで見方・考え方を可視化するようにします。例えば，「この問いに対しては歴史の<u>原因と結果</u>に着目するとよさそうだ」や「政府と国民の<u>視座の違い</u>を生かして，<u>多角的</u>に考察している」など，思考の過程を浮かび上がらせるようにします。

　社会的な見方・考え方の組み合わせは膨大です。単元や学習ごとに見方・考え方を絞ることで，学ぶ道筋が明確になります。

見方・考え方を生かした学習デザイン

❶思考過程の可視化

思考の視点と方法への着目

▼

子どもだけではなく教師の思考の流れに目を向けて，具体的な見方・考え方で表現する

❷課題解決の見通し

課題解決に必要な事実や資料の準備

▼

学習課題に正対した意見に至るまでの思考の流れや，論拠となる資料の過不足を確認する

❸選択肢の提示

見方・考え方の厳選

▼

働かせる見方・考え方の押し付けと放任をさけ，解決のヒントになるように厳選する

❹評価の補助線

形成的評価への活用

▼

子どもが働かせている見方・考え方を言語化して評価することで，思考力を鍛える

＃教材研究の基本デザイン

アレンジのさじ加減を調整する

　教材研究を始める時には，先行実践を参考にします。その時には，教師としての経験と子どもの実態に即して，よい塩梅でアレンジを加えるようにします。教材研究を料理にたとえるなら，次のような段階に分けましょう。

> **レベル１　レシピ通りにつくる**…先行実践や指導書の追試
> **レベル２　子どもに合わせてレシピを少し変える**…実態に合わせた調整
> **レベル３　別のレシピを転用して料理をつくる**…実践の再構成と創造
> **レベル４　オリジナルのレシピをつくる**…再現性のある独自の実践

　最初は，先行実践や指導書をなぞる形で研究を進めます。この方法では，指導書に明記されていない指導技術を磨いたり，先行実践の意図を理解したりすることができます。まねることで学ぶという段階です。

　レベル２では，実際の子どもの学習状況に合わせて単元の計画や学習課題，発問，学習活動などを変えて修正や改善をします。また，補助発問や問い返し，補助資料などを準備し，実際の子どもの学びに対応できるようにします。

　レベル３は，先行研究を他の単元で応用したり，複数の実践を組み合わせたりする段階です。ツギハギにならないように留意します。

　最後のレベル４は，オリジナルの教材をつくることです。再現性や学習指導要領との関連性が不可欠です。食材だけを見て料理をつくるのは，料理に慣れた人ができる技です。いきなり独創性を出そうとせずに，まずは基本を身に付けてから，子どもの実態に合わせて少しずつ改善していきましょう。

教材研究のアレンジのさじ加減

❶ レシピの模倣

先行実践や指導書の追試による模倣

▼

書かれている内容の意図を理解し，
明記されていないが重要な指導技術を磨く

❷ レシピのちょこっとアレンジ

子どもの実態に合わせて修正・改善する

▼

発問や資料を変えたり，子どもの活動に応じ
た補助発問や補足資料を準備しておく

❸ 別のレシピの転用

複数の実践のいいとこ取り

▼

ツギハギだらけで一貫性を失わないように
考慮して，実践を自分なりに再構成する

❹ オリジナルレシピ

再現性のある独自の実践の創造

▼

学習指導要領を基準としながら，独創的な
実践を他の教室でも再現可能な形でつくる

学習のデザインに余白をつくる

　昔から，社会科教師は「しゃべりすぎ，書きすぎ，配りすぎ」と揶揄されてきました。教師の思いが前面に出ると，子どもの学習の負担は大きくなります。また，子どもたちに受け身の姿勢を植えつけてしまいます。

　大切なのは，「余白」のある学習デザインです。社会科で学習の中に余白をつくるためには，資料の扱い方が鍵となります。資料は，料理の食材のようなものです。次の4点を意識して資料を「料理」しましょう。

> ・料理に合わせて食材をカットする…資料から得られる情報の取捨選択
> ・ゴールに向けて食材を調理する…自由な情報の解釈による多様な議論
> ・調理の腕に合わせて食材を用意する…子どもの実態の配慮と支援
> ・食材の過不足に注意する…考察に必要かつ十分な情報量の提示

　料理に合わせて食材をカットするように，子どもが主体的に**情報を取捨選択**できるようにします。また，食材を調理するように資料から得た**情報を自由に解釈**する場をつくることで，多様な意見が出され，議論が活発になります。

　子どもが伸び伸びと情報を選択し，解釈するために，資料の量と質に配慮します。資料が少ない場合や読解が難しい場合は，根拠の弱い意見に留まって議論が成立しません。自説に都合のよい資料を集めるおそれもあります。

　逆に資料が多い場合は，情報を読み取って解釈する時間が足りなくなります。また，各資料のつながりを考える技能も必要となります。**学習目標の到達に必要かつ十分な資料を用意する**ことを意識しましょう。

学習に余白を生み出す資料活用

❶料理に合わせた食材のカット

情報の取捨選択

資料から得られる膨大な情報の中から，
子どもに必要なものを判断して選択する

❷完成に向けた食材の調理

学習課題や問いに合わせた解釈

資料から得られた情報を論拠として，
子どもが自由に意見を考える

❸調理の腕に合わせた食材の用意

適度な歯ごたえのある資料提示

難しすぎると資料を参考にできないため，
議論の前提が共有できずに空回る

❹食材の多すぎ・少なすぎの回避

情報を読み取るのに適量な資料の用意

資料が多すぎると時間が足りず，
少なすぎると思い付きの意見に留まる

#教材研究の基本デザイン

ふりかえりから次の研究を構想する

　教材研究の成果を授業の形にして実践した後には，ふりかえって成果と課題を分析すると思います。ふりかえりは，自分一人だけではなく，他者と一緒にふりかえることで多面的・多角的なふりかえりになります。ただし，普段から他の先生と一緒に実践を分析するのは現実的ではありません。そこで，私は，**子どもと一緒にふりかえる**ようにします。方法は，次の４点です。

- ・子どもの学習成果から，指導方法をふりかえる
- ・教師が想定した学びと，子どもが実際に行った学びのズレを比べる
- ・学習方法の良し悪しについて，躊躇せずに子どもに尋ねる
- ・教師の自己分析と子どものふりかえりを比較する

　１点目と２点目は，子どもの学習過程や成果を資料として活用し，指導を改善する方法です。よくある方法ですが，子どもの生の声はわかりません。

　そこで，３点目として，学習方法の良し悪しを子どもに直接尋ねます。私はGoogleフォームを使って，学習方法や学習展開について感じたことや，困った点，上手くいった点を，毎回子どもたちに問うようにしています。気になる回答がある場合は，口頭でもっと詳しく話してもらいます。毎回行うことで，子どもたちは遠慮せずに率直な意見を出してくれます。

　４点目に，教師による授業の分析と生徒のふりかえりを比較します。教師の手ごたえとはズレが生じていることが多々あります。**子どもを共同研究者と位置付ける**と，実態に根差した教材研究を進めることができます。

子どもを共同研究者にしたふりかえり

❶子どもの成果を活用したふりかえり

教師による学習成果の分析

▼

子どもが学習の過程やまとめで表現したものを，教材研究の資料として活用する

❷教師の見立てと子どもの成果の比較

想定と実際の差の分析

▼

事前の教師の見立てと子どもの実際の学びとの違いを見出し，原因を探る

❸子どもによる学習方法のふりかえり

躊躇せずに尋ねることの日常化

▼

ICTを活用して，学習内容だけではなく学習方法をふりかえることを習慣化する

❹教師と子どもの認識の比較

認識のズレを生かした研究

▼

教師の手ごたえとの共通点や相違点を明らかにして，次の教材研究の課題とする

素材の魅力を引き出す

　教材研究はどこから始めてもよいと考えています。肩肘を張らずに，何かが閃いたり，教師としての嗅覚に反応したりしたところから，学習を組み立てていくのが教材研究の面白さです。ここからは，素材，子どもの実態，目標，学習課題，重要語句，問い，見方・考え方，資料という異なるスタート地点から教材研究を進めるコツについて述べたいと思います。

　まずは，素材です。教育内容や学習目標の達成に関連がありそうなテーマや事実などを素材として，教材化を進めます。素材を教材化するポイントは，次の4つの性質に着目して，素材が秘める魅力を引き出すことだと考えます。

- **意外性**…子どもが疑問をもつような意外な事実がある
- **物語性**…子どもが興味を感じる事実が効果的に配列されている
- **二面性**…良い面だけではなく，課題を内包している
- **独自性**…教科書を読んだり検索したりしても出会えない情報である

　素材によって4つの性質の「濃さ」は違いますが，子どもが魅力を感じ，思わず「なんで？」と言いたくなるように教材化を進めます。子どもが学習の中で，**素材からわかる事実を抽象化して，概念を獲得できる**ようにします。魅力的な素材から始まる学びは，子どもにとって特別な経験になります。

　また，留意すべきなのは，学習指導要領の目標や内容と関連付けて，素材という具体から普遍的な価値を引き出すことです。「独創的な教材だが，一般化できず系統性に欠ける」という状態に陥らないようにします。

素材の魅力を引き出す教材化

❶素材の意外性

子どもが意外に感じる事実

「だと思ったのに，なんで？」「〜なはずなのに，どうして？」などの問いが生まれやすい

❷素材の物語性

興味を引くような構成

具体的な事実が興味を引く形で構成されていると，子どもと教材の距離が縮まる

❸素材の二面性

良い面と悪い面や成果と課題などの二面性

多面的・多角的な考察によって，
よりよい解を導き出せるような教材にする

❹素材の独自性

ググっても簡単には見つからない情報

学習指導要領や教科書と関連付けて，
具体から抽象化・一般化できるようにする

準備編

基本デザイン

研究の力点

成果のつなげ方

実践編

地理的分野

歴史的分野

公民的分野

#教材研究の力点

子どもの実態とゴールの姿を 具体化する

　「この子たちのために授業を工夫したい」という思いは，教材研究の動機になります。ただし，特定の子どもに合わせた「オーダーメイド」の学習は，他の子どもにとっては合わない可能性があります。また，教材研究や授業準備の労力が増してしまい，教材研究の敷居が上がってしまいます。

　この問題を乗り越えるために，すべての子どもに共通するゴールを設定し，ゴールに至る過程に幅をもたせます。子どもの学びの状況に柔軟に対応するため，次の4点を取り入れた「システムを変えるシステム」をつくりましょう。

> ・**子どもの問いと声を聞く仕組み**…事前の準備と導入で方向性を決める
> ・**目標の幅**…評価基準を共有して，子どもが目標を選べるようにする
> ・**仲間の幅**…子どもが他者と協働する方法を選べるようにする
> ・**道具の幅**…子どもが活用する資料やツールを選べるようにする

　1点目は，教材研究に子どもの実態を反映する時の基本です。事前に，学習する単元に関する知識の定着状況やイメージなどを把握します。アンケートや診断テストが効果的です。また，単元の導入で子どもが立てた問いに沿って，その後の学習の方向性を定め，各時間のふりかえりに合わせて展開を調整します。教師が発問や資料をすべて決めるのではなく，子どもの問いやふりかえりに応じて，事前に用意した複数の学習の流れから選択をします。

　2～4点目は，子どもに選択の機会を確保する工夫です。教師がすべて決めるのではなく，子どもが学習状況に応じて自己調整をできるようにします。

子どもの学びに対応する教材研究

❶子どもの実態に合わせた学習デザイン

事前のアンケートや子どもの問いの活用

教師が敷いたレールではなく，子どもの歩みに合わせて複数のルートをつくる

❷目標設定の幅

目標と評価基準の共有

学習の状況に応じて，子どもが自分で目標を選択できるようにする

❸仲間の幅

他者との協働的な学びの選択

学習形態に幅をもたせて，個で追究する場面と他者と対話する場面を織り交ぜる

❹道具の幅

活用する資料やツールの選択

考察や課題解決に必要なツールを子どもが選び，教師は選び方と使い方を支援する

準備編
基本デザイン
研究の力点
成果のつなげ方
実践編
地理的分野 歴史的分野 公民的分野

#教材研究の力点

段階を踏んだ目標と
評価基準を固める

　教材研究では学習目標の設定が不可欠です。**目標は学びのゴールであり，評価は学びの GPS です。** 具体的なゴールを設定した上で，GPS を正確に機能させてゴールへの道筋がわかるようにします。

　学習指導要領に準拠して，単元のまとまりごとに目標と評価規準を定めます。さらに，目標への到達度に応じてＡとＢの評価基準を設定します。教材研究の際に悩むのは，ＡとＢの線引きです。次の４点を意識しましょう。

> ・ゴールの枠に入っている…目標と正対して十分な成果を挙げている
> ・Ｂ評価の子どもが適切な支援でＡに届く…手立てを準備して支援する
> ・「見方」を働かせている…課題解決の鍵となる視点に着目している
> ・「考え方」を働かせている…多面的・多角的に思考している

　１点目は，適切なゴールの枠を設定することです。例えば，デザインに凝ったスライドを作ったとしても，社会科の目標とは関係がない場合があります。社会科に関する思考・判断の結果を適切に表現するように促します。

　２点目は，子どもが「どうすればＡに届くか」を理解し，実行できるような手立てを準備することです。教師の支援も必要です。粘り強さや自己調整を重ねてもＡにならないとしたら，評価基準が適切ではないと考えます。

　３・４点目は，思考の視点としての「見方」と，思考方法としての「考え方」に着目したものです。見方・考え方を働かせることで，より高い目標に到達できるように，子どもの学びを的確に見取ってフィードバックします。

目標と評価の具体化

❶適切なゴール設定

目標と正対した成果の評価

単元のまとまりごとに設定した目標に沿って，社会科の学びとして評価する

❷A評価に至る手立てと支援

BからAに至る道の整備

子どもが粘り強さや学びの自己調整を発揮して，より高い目標に届くように支援する

❸「見方」を生かした評価

思考における視点への着目

「～に着目しているね」や「～に着目すると？」と思考の視点を生かして評価する

❹「考え方」を生かした評価

多面的・多角的な思考方法への着目
▼

より高い目標への到達のため，異なる面や異なる視座・視野・視点への気付きを促す

準備編

基本デザイン

研究の力点

成果のつなげ方

実践編

地理的分野

歴史的分野

公民的分野

#教材研究の力点

学習課題で単元を貫く

　現行の学習指導要領では，単元のまとまりの中で子どもの資質・能力を養うことが強調されています。長い期間にわたって，目標を見失わずに学びを継続するために，「単元を貫く学習課題」を設定します。単元を貫く学習課題は，次のような型のイメージをもつと，考案をしやすくなります。

- **謎解き型**…学習を続けることで難解な問いが明らかになっていく
- **スルメ型**…一見地味な課題だが，学ぶほどに面白さが出てくる
- **イベント型**…特別な他者に対して学習の成果を表現する
- **バトル漫画型**…１つの単元の中に多段階の課題とゴールを設定する

　１つ目が，難解な問いを追究する謎解き型です。「みんなの人権を保障することはできるか？」のように，論拠の明確な主張が求められるタイプです。

　２つ目は，学ぶほどに味が出てくるスルメ型です。「日本は，どこにあるか？」のように，学習が進むにつれて多面的・多角的に考察できる課題です。

　３つ目は，学習の成果を校内外の他者へ発表するイベント型です。「別の地域の中学生が納得する形で，地域の課題の解決策を提案しよう」などです。

　４つ目は，課題の難度が徐々に上がる型です。例えば，「近畿地方に関する印象は，どんな事実から影響を受けているのか？」という課題では，「商いの町」というわかりやすいテーマから始めて，淡路島の農業や琵琶湖の環境問題など，つながりが見えづらい例へと難度を上げます。いずれの型も，**次第に子どもが学習目標に近づくように，深みのある課題**を設定しましょう。

単元を貫く学習課題の４つの型

❶謎解き型

興味を引くが難解な学習課題
▼
学習を進める中で解決へのヒントを見つけるようにデザインする

❷スルメ型

地味に見えても味がある学習課題

学ぶにつれて多面的・多角的に考察することができるようにする

❸イベント型

学習の成果を特別な形で表現する学習課題

他者と課題意識を共有し，聞き手が解決策に納得できるように，内容と表現を磨く

❹バトル漫画型

徐々に難度が上がる学習課題
▼
単元を貫く学習課題に関連させて各時間の問いを立て，問いの難度を徐々に上げる

準備編
基本デザイン
研究の力点
成果のつなげ方
実践編
地理的分野
歴史的分野
公民的分野

重要語句から積み上げる

　重要語句から教材研究を始める場合，**知識の質**を考慮します。北俊夫氏の「知識の構造図」理論が参考になりますが，知識には質があります。語句レベルをつなげて説明的知識を習得し，説明的知識を基にして概念的知識を習得できるようにします。教材研究では，複数の重要語句を関連付けて知識を積み上げて構造化することで，子どもが社会的事象に関する概念を形成できるようにします。知識の関連付け方によって，次の4つの型に分類できます。

> ・**パズル型**…概念の論拠として整合性があるように語句を当てはめる
> ・**レゴブロック型**…類似の語句レベルの知識を積み上げて説明する
> ・**ケーキ型**…多様な語句や説明を関連付けて統合する
> ・**粘土型**…重要語句の認識を変化させながら関連付ける

　パズル型は，子どもがゴールとなる概念を最初から認識した状態で，概念の**論拠としての知識**を増やします。レゴブロック型は，語句レベルの知識を関連付けて構造化します。**いびつな認識にしない**工夫が求められます。

　ケーキ型は，レゴブロック型よりも語句レベルの知識の類似性が低い場合です。**重要語句同士の意外なつながり**に気付くようにします。

　粘土型は，学習の中で重要語句に対する**認識を粘土のように変化させる**ことで，概念を形成するようにします。「武士」や「貨幣」のように単元によって特色が変わる語句が該当します。いずれの型でも，子どもが考察をしながら知識を習得したり，理解を修正したりすることが大切です。

知識を構造化する４つの型

❶パズル型

ゴールへのピースとしての知識の活用

子どもがすでに認識している概念を支える
事実や論拠としての知識を習得する

❷レゴブロック型

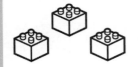

知識の集積による構造化

個々の語句レベルの知識にはあまり意味がな
く，知識を構造化することで意味が生じる

❸ケーキ型

異質な知識の統合

一見つながらなさそうに見える語句や説明を，
１つのゴールに向けて関連付ける

❹粘土型

知識の変容による構造化

重要語句に対する認識を変容させながら，
概念的知識を習得する

準備編
基本デザイン
研究の力点
成果のつなげ方
実践編
地理的分野
歴史的分野
公民的分野

#教材研究の力点

質の違う問いで組み立てる

　発問は奥深いものですが，１つの発問で完結するわけではありません。問い返しや補助発問と組み合わせながら，質の異なる問いを重ねることで，目標に到達します。問いの組み立てについては，渡部竜也氏が提唱する「問いの構造図」などが参考になります。私の場合は，次の４点を意識します。

- **子どもに問う力を育てる**…教師の発問と子どもの問いを両立させる
- **問いを連鎖させる**…主張の矛盾や補強のために，次の問いにつなげる
- **問いを焦点化する**…見方・考え方を働かせて，見えづらい概念に迫る
- **問いの細部にこだわる**…職人技のように表現とタイミングを精査する

　１点目に，教師が問いをすべてパッケージ化するのではなく，子どもの問いを生かします。私の場合は，単元を貫く学習課題に加えて，子どもが各自で考えた個の問いを追究する方法を取ります。個々の問いと単元を貫く学習課題を関連付けながら，発問が子どもの問いの手本となるようにします。

　２点目に，問いが問いを生むように連鎖させます。5W1Hの他，「そうすると」「でも」などの接続詞や，「もし」「逆に」などの副詞を使います。

　３点目に，見てわかることから，分析が必要なこと，価値判断が必要なことへと，徐々に見えづらいものや概念に迫るように焦点化します。

　４点目に，問いの文言や問うタイミングなどの細部にこだわります。例えば，「なぜ」を「原因は何か」と言い換えると，答えやすさが変わります。**教師としての問いの技術を磨きながら，子どもの問う力を育てましょう。**

問いを組み立てるポイント

❶子どもの問いの尊重

教師の発問と子どもの問いの両立

子どもが問う技を身に付けるように，
教師が手本を見せて問いづくりを支援する

❷問いの連鎖

接続詞や副詞の効果的活用

問いに対する解に満足せず，矛盾点を突いた
り補強したりするために，次の問いを生む

❸問いの焦点化

見やすい問いから遠く見えづらい問いへ

見方・考え方を働かせることで，概念や本
質に迫るように思考のピントを合わせる

❹細部へのこだわり

職人技としての問い

問いの文言や問うタイミングと順序など，
同じような問いでも細部にこだわる

見方・考え方を武器にする

　「見方・考え方」は思考の視点や方法を意味します。学習目標の達成や，学び方を学ぶ上で，見方・考え方は大きな武器になります。教材研究では，課題設定や見通し，評価など様々な場面で見方・考え方を効果的に働かせるようにしましょう。具体的には，次のような「働かせ方」をねらいます。

> ・**進むべき道を示唆する**…学習課題に組み込んで方向性を示す
> ・**道を照らす明かりに使う**…見通しとして次々と当てはめる
> ・**自分を写す鏡に使う**…思考の癖を自覚して，他の視点を検討する
> ・**他者を理解するメガネにする**…他者の視点を理解して対話に生かす

　１点目は，見方・考え方を働かせるように学習課題を設定する方法です。例えば「鎌倉時代も室町時代も同じ武士が政治をするから変わらないという主張は適切か？」という学習課題であれば，「同じ」という表現から歴史的な見方・考え方の継続や変化の視点に着目しやすくなります。

　２点目は，子どもが課題解決の見通しを立てる時に生かします。「どのような点に注目するとわかりそうか？」と，考え方を問います。

　３点目に，自己評価や教師による形成的評価に生かします。見方・考え方に当てはめて子どもの思考の傾向を可視化し，他の視点の是非を検討します。

　４点目は，相互評価の場面です。他者の意見について，内容に加えて着目している点や論拠とする概念に目を向けます。**多面的・多角的に考察する時は視点のズレを生かし，合意形成を図る時はお互いの視点を近づけます。**

見方・考え方を武器にする方法

❶進むべき道の示唆

学習課題を追究するヒント

学習課題に見方・考え方を組み込むと，
課題解決の方向性を見出しやすくなる

❷道を照らす明かり

学習の見通しでの試行錯誤

複数の見方・考え方を働かせて，課題解決に
つながりそうな視点や方法を具体化する

❸自分を見る鏡

評価の場面での思考の癖の可視化

働かせている見方・考え方を写し出し，
別の視点や方法を検討して学びを調整する

❹他者を理解するメガネ

他者が主張することの経緯の理解

他者の主張の内容や主張に至る経緯を理解
して，対話や合意に生かす

#教材研究の力点

資料と向き合う

社会科は，資料が命です。考察する時は，資料からわかる事実を解釈して論拠とするからです。社会科で扱う資料は人の手によるものであり，解釈する私たちも人間です。次のように人が介在する難しさを考慮に入れましょう。

> ・**資料から問いを引き出す**…都合のよい資料ばかり集めることを防ぐ
> ・**作成者の意図**…資料として残っている背景に目を向ける
> ・**授業者の潜在的な願望**…教師の価値観による偏りを意識する
> ・**学習者の解釈の傾向**…子どもの解釈の癖を事前に想定しておく

1点目に，当たり前ですが，資料は学習課題のために作成されてはいません。問いを先に決めて資料を後で選定すると，都合のよいデータを集めてしまうおそれがあります。**資料から問いを引き出す**ようにしましょう。もし，問いを先に決めた場合は，反論や反証となる資料を用意します。

2点目に資料の**作成者の意図**を考慮します。編集された二次資料はもちろん，一次資料も社会的事象の一部を切り取ったものであり，限界があります。

3点目に，教師自身の偏りを意識します。「この資料で，子どもは多面的・多角的に考察できるか？」と**資料選定や解釈の妥当性**を検討しましょう。

4点目に，子どもの思考の癖を考えます。資料活用の場面では，資料の読解のつまずきや，論拠とする事実の選択の偏りについて事前に想定をします。

資料は社会のありのままの姿を伝えるものではなく，情報処理には主観が影響します。高校の地歴・公民で育む**批判的思考**を中学でも意識しましょう。

資料を教材化する時の留意点

❶資料に即した問いと考察

論拠となる資料のバランスへの配慮

資料から問いを引き出し，別の資料を参考に多面的・多角的に考察して結論を導き出す

❷資料の背景にある意図の読解

批判的思考による資料の分析

資料として保存や作成がされた経緯に目を向け，資料の価値を批判的に検討する

❸教師の偏りの自覚

資料の選定や解釈の妥当性の吟味

教師にとって都合のよい資料を用意してしまうことを避ける

❹子どもの偏りの把握

子どもの情報処理や判断の偏りへの理解

資料活用の場面で想定される子どものつまずきと，支援の方法を事前に検討する

準備編

基本デザイン

研究の力点

成果のつなげ方

実践編

地理的分野

歴史的分野

公民的分野

1時間の学習をつなげて構造化する

　この項目からは，教材研究の成果を他の場面に生かす方法について考えます。まずは，1時間の公開授業の生かし方です。公開授業の場合，見映えを意識した特別な学習にして，それ以降の学習に生かされないことがあります。家にたとえれば，普段は雑然としているのに，来客がある時だけ慌てて片付けや部屋の飾り付けをして，翌日以降は元に戻すようなものです。そこで，次のように**1時間の学習を完結させずに単元全体の学びにつなげましょう**。

> ・**1時間完結型にしない**…計画段階から単元全体のゴールを意識する
> ・**子どもの期待を裏切らない**…研究の成果を以降の学習でも活用する
> ・**1つだけ未知の方法を組み込む**…飽きを防いで驚きを生むようにする
> ・**子どもの声を生かして課題を改善する**…大人だけで反省しない

　1点目に，単元全体の学習の流れを意識します。単元を貫く学習課題を設定し，課題解決に向けて各時間で扱う社会的事象や資料を変えながら，継続的に学習するようにします。1時間の学習をぶつ切りではなく，つなげます。

　2点目に，研究成果を日常の学習に生かします。次に期待をしている子どもを裏切らずに，授業で工夫した手法などを繰り返し取り入れましょう。

　3点目に，研究した手法などを継続しつつ，一部をアレンジしたり，課題のハードルを上げたりします。子どもがワクワク感をもてる工夫をします。

　4点目は，研究のふりかえりに教師の意見だけではなく，学習者の意見を取り入れるようにします。子どもの率直な意見は指導の改善に役立ちます。

公開授業の工夫を一度きりにしない工夫

❶ 単元内での継続性

単元計画の重視

1時間の学習だけでは子どもの資質・能力は育たないため，研究した授業の次を見据える

❷ 子どもの期待に応える学習改善

特別な手法の日常化と定着

子どもの期待を裏切って，教師との信頼関係に亀裂を生じさせないようにする

❸ 未知との遭遇による新しい学び

飽きの予防と意欲の喚起

研究したことを継続して取り入れる中で，子どもにとって未知の要素を少し入れる

❹ 授業の主役である子どもの意見の反映

研究授業における学習者の意見の活用

▼

大人の参観者だけではなく，授業の当事者である子どもたちの意見を反映させる

単元同士をつなげて
継続性をもたせる

　手ごたえのある教材を開発できた時は，その成果を他の単元でも生かします。一から教材研究をするよりは効率的です。また，単元を超えて継続した学びができます。資質・能力を育むためには，単元を縦断させる学習デザインが効果的です。**教材研究の成果を特別なごちそうではなく，みそ汁のように毎日味わえるものにしていきましょう。** 次の4点がポイントです。

・**だしは変えない**…基本の学習の流れや評価の方法などは一貫する
・**具を変える**…単元によって内容や歯ごたえを変えて飽きさせない
・**手早く作る**…少ない労力でより大きな成果が得られるようにする
・**一緒に作る**…学び方を学べる機会を設定し，形成的評価をする

　1点目に，基本の学習の形は変えません。例えば「問い→見通し→情報収集・解釈・関連付け→主張の吟味→発信」などの流れは一貫します。

　2点目に，単元によって内容や難度を変えることで，新しい学びがあるようにします。同じみそ汁でも，具材を変えれば味も歯ごたえも変わります。

　3点目に，次の単元に進むほど，より少ない時間や労力で成果を出せるようにします。子どもが「もっとよい方法はないか」と考えるように促します。

　4点目に，子どもを「お客さん」にせず，学び方を学べるようにします。見方・考え方の働かせ方や問いの磨き方，主張の吟味の仕方，自己調整の方法などが身に付くようにします。学び方を考えたり，ふりかえったりする場面を保障し，教師は個々の子どもの学習状況に対して助言や示唆をします。

みそ汁のような単元縦断の教材研究

❶単元間の一貫性

だしとなる基本の型の継続

学習の基本形が固まったら，単元が変わっても繰り返して定番にする

❷内容や難度の変化

具材としての内容の変化

内容や難度を変えることで，慣れてはいても，新鮮な気持ちで学習をできるようにする

❸時短と効率化

手際のよい調理の工夫

学習を進めるほど，同じ活動にかける時間を短くして効率化できるようにする

❹学び方の習得

料理の仕方の習得

学び方を学べるように，子どもが主体となる活動を保障して，教師が支援する

準備編

基本デザイン
研究の力点
成果のつなげ方
実践編
地理的分野
歴史的分野
公民的分野

#研究成果のつなげ方

他の教科とつなげて横断的にする

　教科横断的な教材研究をする時には，「社会的な見方・考え方」の内，**比較の視点に着目して多面的・多角的に考察する**方法が効果的です。次のように，視座を変え，複数の側面に着目しながら，社会科と他の教科の共通点や相違点を見出します。社会科で身に付けた学び方を，他教科で生かします。

> ・見方・考え方を働かせて見通しをもつ…思考の武器を増やす
> ・**方法の共通点を生かす**…情報の活用や意見の組み立てなどに生かす
> ・**内容の共通点を見つけて関連付ける**…事象を多面的に捉える
> ・**内容の相違点を見つける**…教科固有の価値に気付く

　１点目に，「見方・考え方」を働かせるように，学習の見通しの機会を確保します。課題解決に向けて「見方・考え方」が役立つのは，どの教科でも同じです。「どう考えればよいか」を子どもが考える場面をつくります。

　２点目に，他教科で鍛えた技能や思考力を活用できます。例えば，グラフの読み取りには数学の技能が役立ちます。事実から意見を組み立てる時には理科の経験，創造性が必要な時は美術や音楽で創作の経験が生きてきます。

　３点目と４点目は，内容面での他教科との関連です。地理は理科の地学分野と重複する部分があります。しかし，自然現象に重きを置く理科と，人間と自然の関わりを重視する社会では，違いもあります。その関連性を教師が理解した上で，子どもが教科による相違点と共通点に気付き，他教科と関連付けて多面的・多角的に社会的事象について考察できるようにしましょう。

見方・考え方を働かせた教科横断

❶思考の技の習得

見方・考え方を働かせることの習慣化
▼
思考の視点や方法の引き出しを増やして学習の見通しを立てることを習慣化する

❷技能や方法の援用

情報収集や考察・表現での活用
▼
他教科で身に付けた技能や試した思考の方法，表現の工夫を社会科で活用する

❸共通点による関連付け

内容の類似や関連への着目
▼
内容が他教科の学習と重なる時に，共通点や関連性について着目して考えやすくする

❹相違点による特色の発見

多面的・多角的な考察
▼
内容が他教科の学習と重なる時に，異なる面について考察して理解を深める

#研究成果のつなげ方

地域とつなげて切実さを生む

地域素材の教材化は，教師としての醍醐味の１つです。地域にとって切実な課題の解決策を構想し，地域に向けて発表するのは大きな財産になります。

しかし，地域との連携には難しさがあります。地域のことであっても，子どもたちには当事者意識がない場合がほとんどです。逆に，社会問題を扱う場合には，関係者が教室にいることがあるので配慮が必要です。

また，負担の問題もあります。地域の人たちにとって負担が大きいと継続しません。これらの問題を解消するために，次のような工夫をしましょう。

- **つながりの可視化と精選**…学習で扱う子どもと地域のつながりを絞る
- **相手側への価値の提供**…地域の協力者と win-win な関係をつくる
- **実現可能性**…学習の提案内容に実効性をもたせる
- **持続可能性**…地域との連携を持続可能なものにする

１点目は，地域の素材と自分たちの間にある関係性が具体的に見えるようにします。可視化された問題の中から，**解決に重点を置く課題を精選**します。

２点目に，地域と連携する相手にとっても，学校で取り上げたり連携したりすることで，**プラスになるような価値を提供**します。例えば，企業の CSR 部門や，役所の子ども育成の部署と連携すると，相手方も助かるはずです。

３・４点目として，**実現可能性と持続可能性**を意識します。子どもが課題解決への構想や提案を練る際に，実現可能性を評価基準にします。さらに，地域と連携した学習自体が，無理がない形で実行を継続できるようにします。

地域とつなげる教材化のポイント

❶地域とのつながりの可視化

子どもにとっての切実性の担保
▼
学習で扱う地域と子どものつながりを可視化
してから，解決可能な課題を絞って設定する

❷相手への価値の提供

学校と地域のギブアンドテイク
▼
地域に負担ばかりをかけずにお互いにとって
意味のある連携にする

❸実現可能性の検討

他者が納得する提案による実現意欲の喚起
▼
課題解決への構想を評価し，荒唐無稽な
内容や絵にかいた餅で満足しない

❹持続可能性の検討

過度な負担にならない連携
▼
一度きりの特別イベントで終わらずに，
定期的に継続できる形の連携にする

#研究成果のつなげ方

学級経営とつなげて土台をつくる

　どれほど教材研究を重ねても，担任をする学級に生徒指導上の課題が山積
していると，研究の成果は生かされません。安心して学ぶことができる集団
づくりが求められます。学級経営だけではなく，授業時間の中で次のような
工夫をすることで，**学習の土台となる支持的風土が醸成されます。**

> ・**自分の考えをもつ機会をつくる**…問いの前提条件の整備
> ・**聞き手を育てて表現をしやすくする**…感情を受け止めたリアクション
> ・**前向きに競争できるようにする**…アウトプットとフィードバック
> ・**多様な方法で学習できるようにする**…選択肢と選択の機会の確保

　１点目は，個人思考の時間と手段の保障です。自分なりの考えをもつと，
問いのきっかけとなる「引っ掛かり」を感じることができます。対話の場面
でも，わかることとわからないことを自分で整理して初めて発言ができます。

　２点目に，授業時間に遠慮なく発言ができるように，聞く姿勢を大切にし
ます。感情と理屈を切り離して議論するのは難しいことです。感情の含んだ
発言を周りの他者が受け止めて反応するように聞き手を育てます。

　３点目に，他の子どもと前向きな競争が起きるようにします。「もっと話
し合いたい」「もう一度挑戦したい」と思えるように，子どもが表現する機
会を増やし，その表現に対して形成的評価を加えます。

　４点目に，学習に参加する方法の選択肢を増やします。方法を増やすこと
で，習熟度に関係なく，子どもが自分に合った方法で学習に参加できます。

教材研究の土台となる学級づくり

❶個の尊重

個人の考えをもつ場面づくり
▼
全員の子どもが自分の考えをもつことで，
気付きや違和感が生まれて問いにつながる

❷他者の尊重

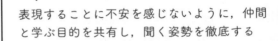

聞き手の育成
▼
表現することに不安を感じないように，仲間
と学ぶ目的を共有し，聞く姿勢を徹底する

❸仲間との切磋琢磨

前向きな競争のしかけ
▼
仲間と歯ごたえのある課題に挑戦したくな
るように，適切な評価で支援する

❹選択の自由

多様な方法と判断の機会の保障
▼
得意・不得意の差があっても学習に参加で
きる方法をつくって子どもが選択する

#研究成果のつなげ方

○○教育とつなげて効率化する

　学校には，外部の要請による「○○教育」が溢れています。人権教育，主権者教育，消費者教育，金融経済教育，環境教育，国際理解教育，多文化共生教育など，挙げればきりがありません。これらの「○○教育」を社会科で行う際に，カリキュラムに足し算をすると負担が増します。そこで，次のように「○○教育」を社会科の教育課程と合わせることで効率化を図ります。

> ・社会科の目標と○○教育の目的を関連付ける…社会の幅広さを生かす
> ・社会科の枠内に位置付ける…学習指導要領の内容と関連付ける
> ・３分野で構造化する…公民に偏らずに継続的に学ぶようにする
> ・他教科で考える余白をつくる…社会科で完結させず，次の問いを生む

　１点目に，「○○教育」のねらいを社会科の目標と関連付けます。例えば，多文化共生教育であれば，民族や文化の違いを認め合って対等な関係を築くというねらいは，公民的分野の目標と合致します。

　２点目に，社会科の内容に沿うことで負担を減らします。環境教育であれば，縄文時代や江戸時代の「エコ」と現代のエコの相違点に着目することで，時代の特色を理解しつつ，環境の保全について考えるきっかけになります。

　３点目に，「○○教育」は公民だけではなく３分野で行います。法教育であれば，法の歴史的な意義や，地域による法の違いを重点的に学習します。

　４点目に，オープンな問いを中心にして新たな疑問や追究の意欲が増すようにしましょう。「○○教育」を他教科や領域でも行うきっかけになります。

「○○教育」の組み込み方

❶目標と目的の関連付け

目的と目標の一致による効率化

「○○教育」のねらいと社会科の固有の目標の共通点を見いだす

❷内容のリンク

学習指導要領の内容と比較

内容の共通点だけではなく，時代や地域による違いに着目して多面的・多角的に考察する

❸３分野の構造化

公民での実施の偏りの予防

現代的なテーマであっても，空間的な広がりや時代の流れによる変化から考える

❹追究の余白

他教科や他の領域との関連

答えが簡単に出ない問いや，新たに生まれた問いを大切にして追究を続ける

準備編

基本デザイン

研究の力点

成果のつなげ方

実践編

地理的分野

歴史的分野

公民的分野

＼ 実践編 ／

フローチャートでわかる！
**中学校社会科の
単元別教材研究モデル**

地球儀は１つの形しかないのに，なぜ地図は様々な形があるのか？

❶ Start ■ **ゴールの姿（資質・能力）** 地図を理解して活用の技能を磨く

　地理の最初の単元として，地理的な技能の基礎・基本を身に付けるきっかけにします。そのために，地理の基本である地図と向き合い，地理的な見方・考え方の基礎である位置や分布の視点を働かせるようにします。

　そこで，単元を貫く学習課題は「日本はどこにあるか？」にします。日本の位置や広がりについて，見方・考え方を働かせながら多種多様な方法で表現することで地図を活用する技能を磨きます。

❷ ■ 構造化 学習指導要領の変更点を生かす

　「世界の地域構成」と「日本の地域構成」の２つの単元を１つに統合します。これらは，学習指導要領の改訂によって連続する形に変わりました。その趣旨を生かし，単元同士をつなげて地図と徹底的に向き合うようにします。

　また，各時間の中心発問も地図に関連させます。例えば「地球儀は１つの形しかないのに，なぜ地図はたくさんの形があるのか？」という発問によって，地図の限界と特徴に気付き，用途に応じて使い分けるようになります。

❸ ■ 活動内容 苦手感を軽減するために遊びから入る

　地図は情報量の多い資料であり，苦手感をもつ場合があります。そこで，その印象を変えるため，単元の導入では地図帳を使ったミニゲームを取り入れます。「国名スリーヒントクイズ」や「国名しりとり」などを，ペアや４人班で取り入れます。索引の使い方や読図の基本を楽しみながら学びます。

　また，デジタルの地図を活用して理解しやすくします。例えば，正距方位図法を作成できるサイトを使うと，大陸の歪みを直感的に理解できます。

「地域構成」教材研究の流れ

📌 素材

・地球儀や様々な種類や図法の地図（紙に加えてオンラインを含む）
・日本の国土や領域に関する地図や統計資料
・日本の領土問題に関する新聞記事などの資料

📖 内容

・緯度と経度，大陸と海洋の分布，主な国々の名称と位置，時差による生活の違い
・世界の地域区分と地域的特色
・海洋国としての日本の特色
・日本の領土問題
・日本の様々な地域区分と文化や自然の違い

🚩 ゴールの姿（資質・能力） Start

・位置を表現する方法には，絶対的な位置と相対的な位置があるため，日本の位置や分布は多様な方法で表現できる
・地図は，球体の地球を平面に表現するため，限界がある。地理の学習で扱う地図には特徴があり，用途によって使い分けるようにする

👤 子どもの実態

・地図への苦手感がある
・歴史に比べて地理に関心が低い場合がある
・目的に応じて地図から必要な情報を読み取ったり，目的に応じて地図を作成したりする技能については個人差が大きい

📋 学習課題（活動内容）

・導入では，ゲーム的な要素を取り入れた活動で，地図に親しみながら基礎的な技能を身に付ける
・デジタルの地図を積極的に活用することで，作図や読図の効率化や，読図の理解の促進を図る

🏗 構造化

・「世界の地域構成」と「日本の地域構成」と2つの単元を1つに統合する
・単元を通して地図の活用（読図や作図）を系統的に取り扱う
・領土問題を扱う最初の単元として，問題の所在を理解する

🔍 効果的な見方・考え方 💬 発問

・地理的な見方・考え方の内，位置や分布に着目しながら，世界や日本の地域構成の特色について多面的・多角的に考察する

「日本はどこにあるか？」
「地球儀は1つの形しかないのに，なぜ地図はたくさんの形があるのか？」

B 世界の様々な地域

(1)世界各地の人々の生活と環境　温帯の暮らし

地球温暖化が進むと，誰が困るのか？

❶ Start ▶ **効果的な見方・考え方** **自然的条件と社会的条件に着目する**

　世界の人々の生活や自然環境の特色について，気候帯に分けて学習する単元です。この単元では，地理的な見方・考え方の内，「人間と自然環境の相互依存関係」の視点に着目して多面的・多角的に考察します。自然的条件と社会的条件の双方から影響を受けて，社会が形成されるという視点です。

　単元を貫く学習課題は「あなたは，地球温暖化に関心が低い同じ地域の大人に対して，どのように問題を伝えるか？」です。右のページのように単元全体をデザインします。「どうしようもない」と運命論的に悲観する意識や，「なんとかなる」と万能論的に楽観する態度を乗り越えて課題を把握します。

❷ **子どもの実態** **楽観論と悲観論の両極を脱する**

　地球環境問題の場合，問題が大きすぎて実感や危機感をもちづらいという難しさがあります。そのため，「地球温暖化は悪であり，進行を食い止めるのは当然だ」という前提で学習を進めようとすると，子どもにとっては切実な課題になりません。そこで，実感をもてるようなデータを提示します。

❸ **素材** **写真や映像でリアルを伝える**

　各地の気候帯の学習は，子どもたちの事前の知識が少なく，イメージが偏っている可能性があります。そこで，食料のような身近なものを素材にして写真や動画など視覚に訴える形の資料を用意します。わかりやすい資料を入り口にして，地球温暖化の影響による食糧生産の減少や水不足，異常気象などの複雑な問題について考えるようにします。写真や映像は地理的事象の一部分を切り取って編集したものであるため，資料の背景にも目を向けます。

「温帯の暮らし」教材研究の流れ

🎒 素材

- 気候帯による特徴的な食料に関する資料
- 異常気象や食糧生産の変化・減少，水不足などの地球温暖化の影響に関する動画
- 各気候帯のグラフや統計資料
- 世界各地で生活する人の伝統的な食生活や変化の様子がわかる写真やインタビュー記事

📖 内容

- 地域の自然的条件の特色
- 地域の社会的条件の変化
- 気候変動や時代の変化による生活の変化
- 地球規模の課題が与える影響の地域差
- 地球規模の課題と，地域的な課題の因果関係

🚩 ゴールの姿（資質・能力）

- 世界各地の人々の生活は，自然的条件と社会的条件の双方の影響を受ける
- 世界各地の人々の衣食住の特色は多様であり，自然的条件や社会的条件の変化に応じて変容をしている

👤 子どもの実態

- 世界各地の気候についての既有知識は十分ではない
- 日本と生活習慣や気候が違う場合，偏ったイメージをもっている場合がある
- 地球温暖化を切実な問題として捉えていない
- 地球温暖化が与える日常生活への影響がよくわからない

📋 学習課題（活動内容）

- 各気候帯に暮らす人々の声や衣食住の具体的な様子がわかる資料から，生活の特色や変容を見つける
- 写真や映像という特定の具体例を示す資料と，気温など地域に共通する資料の両方を活用して，生活が自然環境から受ける影響と与える影響を分析する

🏗 構造化

- 単元全体を通して地球温暖化の生活への影響に着目できるように資料を提示する
- 熱帯・乾燥帯・冷帯・寒帯・高地の気候における温暖化の具体的な影響の共通点と地域差について考える

🔍 効果的な見方・考え方 💬 発問

- 地理的な見方・考え方のうち，人間と自然環境の相互依存関係に着目する

「地球温暖化が進むと，誰が困るのか？」
「あなたは，地球温暖化に関心が低い同じ地域の大人に対して，どのように問題を伝えるか？」

個人の自由である宗教が，
生活にどのような影響を与えるのか？

❶ Start ▶ 活動内容 当事者へのインタビューを通して教科書を疑う

宗教と生活のつながりを見出す単元です。この学習では，教科書によく掲載されているサウジアラビアのマクドナルドの写真（男女別のカウンター）を素材にします。この写真は，イスラム教に馴染みが薄い子どもたちだけではなく，同じムスリムでも他地域の人にとっては驚きがあるそうです。

そこで私は，インドネシアから日本に来ている留学生をゲストティーチャーとして招きました。インドネシアは，世界で最もムスリムが多い国です。インタビューをしたり，逆に日本の宗教について質問を受けたりしました。

❷ 子どもの実態 人との関わりが刺激になる

宗教の学習は個人の信教の自由を保障するため，デリケートに扱う内容です。ただし，慎重になりすぎると，宗教について考える機会を失い，子どもは誤解に基づいて偏見をもち続けるかもしれません。

そこで，留学生との対話という特別な機会をつくることで，価値観や習慣が異なる他者について理解し，違いを尊重するきっかけをつくります。他者と対面して交流することは，誤解や偏見をなくすのに効果的です。現在であれば，ICT を活用してオンラインでの交流も容易です。

❸ 構造化 歴史の古代文明の学習と関連付ける

歴史では世界宗教の起源について学習します。地理と歴史の教科書には，カーバ神殿やエルサレムなど共通する資料があります。また，それぞれの宗教の起源とされる地域と現在の分布を比較すると，「現在の主な宗教は，なぜこのような分布の傾向性があるのか？」という問いにもつながります。

「人々の生活と宗教」教材研究の流れ

📖 素材

・主に信仰されている宗教の分布図
・各宗教のタブーに関する資料
・サウジアラビアのムスリムの生活に関する動画と写真
・ムスリムの留学生へのインタビューと対談

📖 内容

・宗教と生活の関わり
・同じ地域における宗教の違いによる生活の変化
・同じ宗教における地域や個人の信仰の度合いによる生活の変化

🚩 ゴールの姿（資質・能力）

・世界各地の宗教の分布について大まかに理解する
・分布図の作図や読図ができるようになる
・地図の分布図は一定の傾向を示すものであり，例外があることや，同一の分布でも内実に違いがあることを理解する

👤 子どもの実態

・地図から分布の規則性や傾向性を見出す技能は，個人差が大きい
・ある事象の分布図から「同じ分布の地域は，同じ特色である」と思い込み，分布内での差異に目が向かないことがある
・信仰に対する偏見がある子どもや，宗教を忌避する子どももいる

📋 学習課題（活動内容）

Start

・世界各地の宗教の分布の特色を地図から読み取る
・分布図の例外となる事例を挙げる
・イスラム教を信仰する留学生にインタビューして，同じ宗教でも地域や人によって信仰の度合いが違うことについて議論する

📊 構造化

・特定の宗教に偏らずに，様々な宗教があることをバランスよく学習する
・歴史的分野の世界の古代文明の学習と関連付けて，それぞれの宗教の起源や，ひらかれた地域と現在の分布の違いについて，分野を超えて考察できるようにする

🔍 効果的な見方・考え方　💬 発問

・分布の視点に着目して多面的・多角的に考察する

「個人の自由である宗教が，生活にどのような影響を与えるのか？」
「インドネシアからの留学生は，教科書のイスラム教の説明を見て，どこに驚いたのか？」

準備編
基本デザイン
研究の力点
成果のつなげ方
実践編
地理的分野
歴史的分野
公民的分野

アジア州は面積が広く人口も多いのに，世界を6つの州で分けるのは適切か？

❶ Start　内容　新聞記事から問題意識を形成する

　アジア州の単元では，各国の経済成長や日本との相互関係を中心に追究します。空間的相互依存作用の見方・考え方を働かせる手段として，新聞記事を活用します。私の場合は学校予算で新聞記事データベースを導入しました。

　新聞記事は，新聞社の問題意識に応じて記事が作られ，記事の中には事実と記者による評価が含まれます。そこで，複数の新聞記事を資料にすることで，アジア州の特色と日本とのつながりを多面的・多角的に考察します。また，データベースを活用して「アジア各国が新聞に登場する件数」の統計を自作します。記事の内容ではなく傾向をデータ化して，資料にします。

❷ 素材　教師が資料を押し付けない工夫をする

　教師が選んだ新聞記事の使用は，子どもの思考や学習の方向性を教師が大なり小なり誘導する面があります。そこで，興味のあるテーマや自分の問いに沿って子どもがそれぞれ新聞記事を探すようにします。データベースを含めたICT活用は，子どもに学びの選択権を保障するのに効果を発揮します。

❸ 学習課題　子ども同士で価値判断を受け止める

　単元を貫く学習課題は，アジアを1つの地域として捉える是非について考えるものです。議論を進めると，東アジアや西アジアなどの地域区分がある意味を理解すると同時に，ヨーロッパ中心の概念の課題が見えてきます。

　また，価値判断を伴う活動なので，異論を受け止める学級の雰囲気が必要です。一般的には2学期に扱う単元なので，社会科の学習を積み重ねる中で，意見の妥当性を吟味して議論する「学級の文化」をつくりましょう。

「アジア州」教材研究の流れ

🧦 素材

- 新聞記事データベース
- データベースを活用した特定のテーマや国に関する記事の件数の推移（表・グラフ）
- アジア各地の経済発展の成果と課題に関する新聞記事
- 日本とアジア各国の関係に関する新聞記事

📖 内容　　　　Start

- 国内の新聞では，この25年間でアジアの各国に関する記事の件数が増加傾向にあり，特に中国や西アジアの記事が増加している
- アジア各国の記事では，経済の内容が多いが，北朝鮮の拉致問題のように，社会的な関心に応じて特定の時期に政治に関する記事が増える
- グローバル化の進展によって，アジア各国と日本の関係は密接かつ複雑化している

🚩 ゴールの姿（資質・能力）

- アジア州の各国では経済発展の著しい地域が多いことを理解する
- 経済発展の一方で，人口の増加による格差や居住環境の問題の発生を理解する
- 地域の課題について，地域特有の課題と地球規模の課題に分けて捉えて考察する

👤 子どもの実態

- 普段から新聞に接する経験は多くないため，読解を苦手とする
- 「新聞に書かれていることは正しい」という認識をもっている場合がある

📋 学習課題（活動内容）

- 単元を貫く学習課題の追究では，突出した規模のアジア州を1つの州として捉える問題や，世界の地域構成の区分方法の妥当性について検討する
- 問いに応じて新聞記事を自ら選んで追究する

🖧 構造化

- アジア各地の地誌的な学習にするのではなく，単元を通して経済発展とそれに伴う諸問題を追究する
- 資料を教師がすべて用意するのではなく，データベースを通して子どもが必要な資料を収集できるようにする。

🔍 効果的な見方・考え方　💬 発問

- 空間的相互依存作用の視点に着目して，アジア各国の関係について多面的・多角的に考察する

「アジア州は面積が広く人口も多いのに，世界を6つの州で分けるのは適切か？」
「なぜ新聞記事でアジアの扱いが変化しているのか？」

B 世界の様々な地域
(2)世界の諸地域　ヨーロッパ州

ヨーロッパは
1つになるべきなのだろうか？

❶ Start　発問　質の違う問いで組み立てる

　ヨーロッパ州の単元では，「ヨーロッパは1つになるべきなのだろうか？」という課題を設定します。EU統合の成果と課題について考察したり，今後の在り方を構想したりします。

　子どもの問いを中心に学習を進めますが，**問いの質の違い**を理解し，学習を構造化します。「EUの加盟国は？」「何年からできたか？」などの事実を問うものから，「EUはどのようにすごいのか？」「なぜイギリスはEUから離脱したのか？」など説明が必要なものまで，多様な問いが生まれます。教師は，子どもと一緒に問いを分類します。事前にいくつもの問いを想定しつつ，子どもから出た問いに応じて臨機応変に学習の方向性を調整します。

❷ 構造化　単元内自由進度学習を取り入れる

　ヨーロッパ州に関しては，多くの教科書で農業・工業・環境などのテーマ別の構成となっています。そのため，子どもが教科書を活用して問いを追究する自由進度的な学習に適しています。教師は子どもが都合のよいデータばかりを集めないように，「人の移動が経済発展につながるなら，なぜ外国人労働者に反対の意見が出るのか？」など，多面的・多角的な考察を促します。

❸ 学習課題（活動内容）　反論に耐えうる主張に練り上げる

　単元を貫く学習課題に対して，主張の異なる子ども同士が議論する場を設けて，反論を通して主張を磨いたり，根拠となるデータを増やすように促したりします。また，「国という枠組みに対する国民の意識は，そもそも国が違っても同じなのだろうか？」という根本的な問いへとつなげます。

「ヨーロッパ州」教材研究の流れ

🥕 素材

- EUというまとまりで加盟国を捉えた時の統計資料
- イギリスのEU離脱や加盟国内の移民排斥に関するニュースや新聞記事

📖 内容

- EU統合による加盟国の経済・政治・文化への影響
- EU拡大の成果と課題
- EU統合による他地域との結び付きの変化
- ヨーロッパ諸国とロシアとの関係の変化

🚩 ゴールの姿（資質・能力）

- EUの空間的な広がりや統合の歴史的経緯、地域の内外への影響について理解する
- EU統合がもたらす成果と課題や、各国の分離・独立の問題について考察し、よりよい地域の在り方について構想する

👤 子どもの実態

- ヨーロッパ各国の文化の共通点や相違点、歴史的な関係性についての理解は十分とは言えない
- 「ヨーロッパは同じような国が多い」と思い込んでいる場合がある
- EUの統合について「もしアジアで統合が進んだら」などと、地域の違いを考慮せずに短絡的に考えることがある

📋 学習課題（活動内容）

- EUの成果と課題を把握する。課題については、EUの地域特有の課題と一般的課題を把握する
- 今後のEUが進むべき方向性について、SDGsの視点から構想し、論理的な根拠のある主張をする

🔍 効果的な見方・考え方 💬 発問 **Start**

- 空間的相互依存作用の視点に着目して、ヨーロッパ州の依存作用の程度や多様な側面について、利点と課題の両面から考察する

「ヨーロッパは1つになるべきなのだろうか？」
「ヨーロッパは統合を進めているのに、なぜ国内で分断が生じているのか？」
「国という枠組みに対する国民の意識は、そもそも国が違っても同じなのだろうか？」

🗂 構造化

- 教科書の構成がアジア州のように州内の地域別ではなく、産業や環境などのテーマ別であることを生かして、教科書を資料集のように活用して、単元内自由進度学習を行う
- 既習事項としてのアジア州の特色との違いに着目する

ナイジェリアは石油が豊富なのに，なぜ貧困に苦しむのか？

❶ Start ▶ 内容 なじみの薄い地域こそ正確な知識を習得する

　子どもたちにとって，アフリカ州はなじみが薄い地域です。だからこそ，基礎的な知識が定着するようにします。単元を貫く学習課題は「なぜアフリカはラスト・フロンティアと呼ばれるのか？」として，アフリカの成長と地域差や国内の格差，他地域からの支援の在り方などについて学習します。

❷ 子どもの実態 アフリカ州の解像度の粗さを事前に調査する

　診断的評価として，事前アンケートを取って教材研究の参考にします。地理的分野の世界の諸地域や日本の諸地域の場合は「～に関して知っていること」と「～に関するあなたのイメージ」を5個ずつ尋ねます。アフリカ州の場合，自然環境では「砂漠」「ナイル川」「動物」など，社会や人々では「黒人」「貧しい」「戦争」などの回答が多くなります。「アフリカ＝貧しい」という固定観念が強い傾向にあります。そこで，具体的なデータを基に学習を進めて認識をゆさぶり，アフリカを一括りで捉える是非について考えます。

❸ 構造化 ギャップを感じる問いを重ねる

　資源に関する学習では「ナイジェリアは石油が豊富なのに，なぜ貧困に苦しむのか？」と，既習事項としてアジアの石油輸出国の豊かさと比較します。ギャップを感じるような問いは，別の問いへの連鎖を生みます。

　また，西アジアの学習では「石油で豊かなサウジアラビアで，なぜ若年層の失業率が25％を超えるのか？」という問いを出しています。資源があるだけでは社会全体の豊かさにはつながらないことを理解するために，単元縦断的に学習をデザインします。

「アフリカ州」教材研究の流れ

準備編　基本デザイン　研究の力点　成果のつなげ方　実践編　地理的分野　歴史的分野　公民的分野

Start

🥕 素材

- 資源の生産や輸出に関する統計資料
- ナイル川を例にした水を巡る争いの資料
- 動物の密猟や買い手の問題に関する資料
- アフリカの地域紛争に関する資料

📖 内容

- アフリカの自然や文化の多様性
- アフリカのモノカルチャー経済の現状
- アフリカの経済成長と各国の支援
- 地球温暖化や砂漠化の影響
- 地域間の経済格差や国内の格差の拡大

🚩 ゴールの姿（資質・能力）

- アフリカ州の特色について，地球環境問題との関わりや，グローバル化の影響と関連付けて理解する
- アフリカが抱える地域の課題を地球規模の課題とつなげながら把握し，解決に向けた構想を提案する

👤 子どもの実態

- アフリカに関する知識に乏しく，地域差は理解していない傾向が強い
- 「アフリカは貧困しくて大変な状況の国が多い」というイメージが強く，州内の地域差や経済成長に目が向いていないことがある

📋 学習課題（活動内容）

- 自然環境や主な産業などの事実を調べて，アフリカの多様性について考えたことを地図に表現する
- 経済格差や砂漠化の影響などに関する課題を見出し，他の地域からの支援の在り方を構想する

🌲 構造化

- 鉱産資源による経済発展と，格差の拡大や輸出への依存の問題など，アジア州での既習事項と関連付ける
- SDGsの「つくる責任　つかう責任」や「貧困をなくそう」の目標と関連付けて，アフリカ各地の貧困や資源への依存などの問題を地球的課題として捉えて支援の方向性について構想する

🔍 効果的な見方・考え方　💬 発問

- 空間的相互依存作用の視点に着目して，多面的・多角的に課題解決に向けた構想をする

「ナイジェリアは石油が豊富なのに，なぜ貧困に苦しむのか？」
「なぜアフリカはラスト・フロンティアと呼ばれるのか？」
「アフリカのためになる支援とは，どのようなことなのか？」

なぜアメリカ生まれの物や文化は，世界中に広がっているのか？

❶ Start｜素材　知名度の高さを生かす

　北アメリカ州は，子どもたちにとって知名度の高い素材がたくさんあるので，それらを利用して教材化します。単元の導入では，子どもの学習への参加のハードルを下げます。具体的には，アメリカ生まれと思う企業や商品をできる限りたくさん答える活動を行います。そして，「どうして外国の企業の商品をそんなに知っているの？」と問い，単元を貫く学習課題の「なぜアメリカ生まれの物や文化は，世界中に広がっているのか？」につなぎます。

❷ 学習課題（活動内容）　あそびのある学習にする

　単元全体を通して，Google Earth のプロジェクト機能（任意の地点を指定し，説明を追記できる機能）を活用して，オリジナルの「アメリカ合衆国の謎解明ツアー」を考えます。「あそび」のある学習を目指し，アプリの面白さを引き出し，子どもが柔軟に学べるようにします。実際の子どもたちの様子を紹介すると「iPhone の秘密は？」「ハンバーガーはドイツの料理なのに，なぜマクドナルドが世界中で人気なのか？」「なぜプロテインはアメリカ製が多いのか？」など，個々に考えた課題について考察をしていました。

❸ ゴールの姿　個々の学びを全体へつなげる

　プロジェクトについてはチームやペアを組んでも，１人で取り組んでもよいこととしました。ただし，１人で取り組む課題として，考察の概要を一枚のポスターか動画に表現する条件にしました。子どもに学習の選択権を幅広く保障しつつ，他者の学びの状況に関心をもって交流しながら，共同で単元を貫く学習課題を追究して，学習目標に到達できるようにします。

「北アメリカ州」教材研究の流れ

Start

🎒 素材

- アメリカ合衆国で創業した多国籍企業
- アメリカ企業が提供するアプリやサービス
- アメリカで生産された農作物を原料や飼料とする財

📖 内容

- アメリカ合衆国の主な産業の分布と地域の多様性
- アメリカ合衆国における産業構造の変化
- アメリカ合衆国の貿易品目の特色
- アメリカ・カナダ・メキシコの3か国における人や物の移動

🚩 ゴールの姿（資質・能力）

- アメリカが世界有数の経済大国である地理的な要因について，国土の広さや豊富な資源，産業構造の変化への対応，他地域との結び付き，歴史などから理解する
- 北アメリカ州で暮らす人々の多様性や分断などの課題について考察する

👤 子どもの実態

- アメリカ合衆国に関する知識が断片的にはあり，「アメリカはすごい」という感覚をもっている
- 「1つの国なら同じような文化である」という思い込みがあると，アメリカの地域差や多様性をイメージしづらい

📋 学習課題（活動内容）

- Google Earthのプロジェクト機能を使って，アメリカが経済大国となっている要因を表現する
- Google Earthで作成したプロジェクトの概要を，短い動画か1枚のポスターに表現する

🏗 構造化

- 既習事項であるヨーロッパ州でのEUの学習とつなげて，規模の大きさが経済発展にはプラスとなることに気付くようにする
- 主題図を作成する学習を積み重ねた経験を生かして，Google Earthのプロジェクト作成で取り上げる場所同士のつながりや，地域的な分布の特色がわかるようにする

🔍 効果的な見方・考え方　💬 発問

- 分布の視点に着目して産業を中心に北アメリカ州の特色を見出し，多面的・多角的に課題解決に向けた構想をする

「なぜアメリカ生まれの物や文化は，世界中に広がっているのか？」
「アメリカは隣接する国が少なくて輸出入に輸送費がかかるのに，なぜ貿易がさかんなのか？」
「20年後もアメリカは影響力があるのだろうか？」

森林減少の問題意識を共有するためには，どのような事実を提示すべきか？

❶ Start ▌ 内容　概念的知識に血を通わせる

　南アメリカ州の単元では，SDGs の17のゴールの１つである「陸の豊かさも守ろう」に関連付けて，アマゾンの熱帯雨林の減少と保全について学習します。森林に限らず，SDGs については「方向性はわかるけど，現実には難しい」という考えを揺さぶるようにします。きれいごとで終わらせずに，実際の生活と学習内容を結び付けて，<u>血の通った概念的知識</u>を習得できるようにしましょう。

❷ ▌ 素材　資料と向き合って事実から問いを引き出す

　熱帯雨林の減少に関する資料に関しては，２つのことに気を付けます。１つは，子どもがオンラインでデータを集める場合は，信頼のおけるデータかどうか，出典を意識するように促すことです。

　もう１つは，子どもに任せていると見つけづらい事実やデータを用意することです。例えば，アマゾンで農業に従事する人の収入や生活に関する資料，熱帯雨林の保全に関する仕事に転職した事例などが挙げられます。子どもの見通しとずれのある事実を提示して，資料と向き合いながら多面的・多角的に考察できるようにしましょう。

❸ ▌ 活動内容　対話をするために事実を論拠に活用する

　環境の保全に関する学習では「環境を破壊するなんてけしからん」と「生活のためにはやむを得ない」という両極端の立場になりがちです。対話が感情的な対立にならないように，異なる意見の人が論拠とする事実に目を向けるように促しましょう。実現の可能性のある解決策を模索します。

「南アメリカ州」教材研究の流れ

📎 素材

- アマゾンの熱帯雨林の減少の統計や画像
- 乾燥化による農業の課題に関するデータ
- 南アメリカ州の各国の経済の変化や経済格差の拡大，貧困に関する資料
- 森林の保全の活動に関する資料

📖 内容 **Start**

- アマゾンの熱帯雨林の減少
- モノカルチャー経済の影響と変化
- 経済格差と貧困
- 環境の保全と生活の保障を両立するような持続可能な開発

🚩 ゴールの姿（資質・能力）

- 森林の減少の原因について，耕地化などの開発を中心に理解する
- 持続可能な開発と，人々の暮らしの保障を両立させる方法を考察して表現する

👤 子どもの実態

- サッカーなどを通して南アメリカ州のイメージはあっても，地域内の違いへの理解は十分ではない
- 熱帯雨林の減少を食い止めることは「大事だが実現は難しい」と，深く考えた経験が少なくてもイメージであきらめている場合がある

📋 学習課題（活動内容）

- 森林の減少と産業の関連を具体的に調べる
- 持続可能性と実現可能性の2点を両立して，アマゾンにおける持続可能な開発の方法を構想して提案する

🔧 構造化

- 森林の伐採と開発を通して，地域特有の課題と地球規模の課題には関連性があり，解決には地域の実情への考慮が必要なことに気付かせる
- 公民的分野での「現代社会の見方・考え方」の1つである持続可能性と関連付けて，持続可能性の概念や課題解決の難しさを具体的に実感できるようにする

🔍 効果的な見方・考え方   💬 発問

- 地域の変化の視点に着目して，森林の保全を通して特色を見出し，多面的・多角的に課題解決に向けた構想をする

「森林減少の問題意識を共有するためには，どのような事実を提示すべきか？」
「発展を目指す南アメリカの国が，環境保全と経済発展を両立させることは本当にできるのか？」

島が点在するオセアニア州の国々には，どのようなつながりがあるのか？

❶ Start ┃ 構造化　学習の順序を考えて子どもの自由度を上げる

　オセアニア州は，学習指導要領や教科書の順序に沿うと，世界の６つの州の最後に学習する単元です。これまでの学習の蓄積を生かせるように，学習の自由度を上げて単元をデザインします。

　単元を貫く学習課題は「島が点在するオセアニア州の国々には，どのようなつながりがあるのか？」とします。島国が多いことに着目しながら，他の地域との結び付きや変化について考察します。具体的に，どの国に軸足を置いてどのようなつながりをテーマとするかは，子どもが決めるようにします。

❷ ┃ 子どもの実態　問いのきっかけをつくる

　子どもがテーマを決めるといっても，放任しては途方にくれるだけです。すべての子どもが自分なりの問いをもてるように，単元の導入ではオセアニア州に関する資料を提示して，子どもが問いをもつきっかけをつくります。

　私の場合は，人に着目した資料を提示します。例えば，オーストラリアでワーキングホリデーを使って働く日本人，ラグビーでオセアニア諸国のチームが行う民族舞踊の写真，SNSで人気のナウルの観光局の資料などです。子どもが「ちょっと調べてみようかな」「面白そうだ」と感じるようにします。

❸ ┃ 効果的な見方・考え方　空間と時間を組み合わせて考察する

　オセアニア州では「つながり」がテーマであるため，空間的相互依存作用の見方・考え方が効果的です。ただし，他地域との結び付きの形や強さは，時代によって変化します。本単元では，**空間的相互依存作用の時間による変化**に着目して，地域の特色や変容を捉えるようにしましょう。

「オセアニア州」教材研究の流れ

🍗 素材
- オセアニア州の産業や伝統文化の写真資料
- オセアニアの人々の生活に関する統計資料
  （1人当たりの国民所得，肥満率など）
- オセアニアの各国の貿易相手国や貿易の品目
  に関する統計（現在だけではなく過去も）

📖 内容
- オセアニア州の民族構成の変化
- 貿易相手国や移民出身国の変化
- 多文化社会と伝統文化の尊重
- グローバル化による生活の変化
- 地球温暖化やオゾンホールの影響

🚩 ゴールの姿（資質・能力）
- 海洋国が多い地域では，他地域との結び付
  きの重要性が増すことを理解する
- 他の地域との結び付きの変化について，産
  業や貿易，生活などの特色を根拠にして多
  面的・多角的に考察する

👤 子どもの実態
- オセアニア州のイメージは
  オーストラリアが中心であ
  り，オセアニア州の小さな
  島国については位置や国名
  の知識がない場合が多い
- オーストラリアの動物など
  の知識はあっても，産業や
  文化での日本との結び付き
  には疎い場合がある

📋 学習課題（活動内容）
- オセアニア州のつながりについて，自分なりの問い
  を立てて，つながりの特色と変化を考察する
- 考察した結果を地図に表現して，要点をスライドに
  まとめる

🔠 構造化 **Start**
- 世界の諸地域で扱う6つの州
  の最後の単元であることを生
  かして，学習の難度と自由度
  を上げる
- 既習事項である世界の他の地
  域との結び付きに着目するよ
  うに促す
- 歴史的な見方・考え方の推移
  の視点を生かす

🔍 効果的な見方・考え方　💬 発問
- 空間的相互依存作用の視点に着目して，オセアニア
  州内の結び付きや，オセアニア州と他の地域の結び
  付きについて多面的・多角的に考察する
- 地域の変容の視点に着目して，時間軸からも地域の
  特色について考察する

**「島が点在するオセアニア州の国々には，どのような
つながりがあるのか？」**

地理
10
的分野

中学生の立場を生かして，地域を PR するポイントは何か？

❶ Start ┃ 活動内容 ┃ デジタルリーフレットを実際に作る

　本単元では，地域に関する調査の魅力と課題をデジタルリーフレットにまとめる活動を行います。タイトルは「□□の七不思議」（□□は学校所在地）とします。他者に成果を披露するというゴールを設定して，地形図の読み取りや作図などの技能や，思考したことを表現する意欲を高めるようにします。

❷ ┃ 子どもの実態 ┃ ユーモアを込めて地域を捉え直す

　子どもたちの多くは，地域の将来を真剣に考えてはいません。逆に，普段の暮らしの中で，ちょっとした不満を抱いていることがあります。例えば，私が勤務する函館市でも，北海道第3の都市なのに「ここは田舎で遊ぶところが少ないのが嫌だ」と不満を口にする子どもがいます。

　そこで，「七不思議」という視点で，皮肉やユーモアを交えて地域を捉え直すようにします。また，地域の課題に加えて，よさにも目を向けるようにします。地域の意外な一面を発見して，愛着をもつきっかけをつくります。

❸ ┃ 構造化 ┃ 地域の在り方の単元や公民の地方自治へつなげる

　本単元では，中学生が地域のよさや課題を発信する意味に着目することで，「自分たちだからできる地域貢献がある」という実感をもてるようにします。また，地域を知ったことで悩みやもやもやした気持ちが生じる場合があります。そのもやもやした気持ちを大切にして今後の学習につなげることで，単元や分野を縦断して課題を追究できるようにしましょう。

　学習後のふりかえりと，リーフレットの読み手からの評価の場面をつくります。うまくいったことと今後の課題，次への展望を明確にしましょう。

「地域調査の手法」教材研究の流れ

🎒 素材

・国土地理院の地図
・地域の古地図や地域に関する様々な主題図
・市町村史や地域を特集した雑誌などの文献
・観光パンフレット
・教師がフィールドワークで集めた写真や動画

📖 内容

・学校周辺の自然の地形の特徴や気象現象から受ける影響
・学校周辺の地域の産業，人口，交通，防災，環境などの課題

🚩 ゴールの姿（資質・能力）

・地域調査におけるテーマの設定や調査の視点，地図や文献，インタビューによる情報収集，用途に応じた地図の作成などの基礎を理解し，技能を身に付ける
・地域に関する問題から解決すべき課題を見出し，解決の方向性を提案する

👤 子どもの実態

・地域への愛着よりは，普段の生活の中で認識した事象を根拠にして，地域に対する一面的な評価をしている場合がある
・他の地域，特に経済的に豊かだと認識する地域と比較して，自分が暮らす地域に対して低い評価をする場合がある

📋 学習課題（活動内容） **Start**

・地域の「七不思議」というテーマでデジタルリーフレットを作成するために地域調査を行う
・PMIシートを使って調査の中間評価を相互に行う
・リーフレットを実際に配布して評価してもらう
・KPT法を使って調査活動をふりかえる

🔍 効果的な見方・考え方 💬 発問

・場所に関する見方・考え方を働かせて，調査する地域の自然や生活，文化などを通して地方的特殊性と一般的共通性を探りながら，地域的特色を明らかにする

「中学生の立場を生かして，地域をPRするポイントは何か？」

🔧 構造化

・この単元で学習を完結させず，調査の中で感じた疑問に沿って地域の課題を明らかにして，地理の最後の単元である「地域の在り方」の学習につなげる
・地方自治の視点から，地域のために中学生の自分たちができることについて考え，公民的分野の地方自治の学習へつなげる

準備編
基本デザイン
研究の力点
成果のつなげ方
実践編
地理的分野
歴史的分野
公民的分野

C 日本の様々な地域

(2)日本の地域的特色と地域区分　自然環境

人間と自然の関係をたとえると，どのような表現になるか？

❶ Start ▶ ゴールの姿（資質・能力）　関係性の複雑さを追究する

　本単元では，私たちの生活と自然環境の関係性の複雑さについて考えることに力点を置きます。複雑さとは，2つの意味があります。1つは，自然環境そのものが多様であることです。もう1つは，自然環境から私たちは恩恵と被害の両方を受けることです。この複雑な関係を捉えるために，人間と自然環境との相互依存関係に着目して多面的・多角的に考察します。

❷ 構造化　たとえを繰り返して本質を突く

　「人間と自然の関係をたとえると，どのような表現になるか？」という課題に繰り返し取り組みます。学習が進むにつれて人間と自然の関係に対する認識が変化します。子ども自身が認識の変化を自覚できるようにします。

　例えば，地形の学習では火山の被害がある反面，エネルギーや観光資源になるという二面性を理解できます。海流の学習をすると，海に囲まれていると水産資源が豊富なだけではなく，気候に影響があると気付きます。防災の学習では，自然の恐ろしさを被災者の声から実感します。このように，生活と自然の関係を捉え直しながら，その**関係の深い部分にある本質に迫ります。**

❸ 学習課題（活動内容）　多様な表現を保障して余白のある学習にする

　たとえる活動は，子どもに対して多様な表現を促すので，余白のある学びの場をつくります。実際の学習では，人間と自然の関係を別の物でたとえたり，数字を使ったりしていました。表現手段も，文章の他に画像や動画などを使っていました。音を使った表現もあり，他の子どもが驚いていました。子どもが創意工夫をする余地をつくるような活動にします。

「自然環境」教材研究の流れ

👟 素材

- 火山の分布や地震の発生数
- 各地の気温や降水量の違い
- 海流の影響（漁業，気温など）
- 近年の地殻変動や気象による災害の記録
- 減災のための自助・共助・公助の例

📖 内容

- 環太平洋造山帯に位置し，国土を海洋に囲まれ，多様な地形や自然が見られる
- 日本列島は多様な自然災害が発生しやすく，防災や減災への備えとして様々な人や組織が連携している

🚩 ゴールの姿（資質・能力） **Start**

- 地形や気候，海洋，自然災害と防災などを通して，人間と自然環境の関係の複雑さを理解する
- 人間と自然環境の関係についての認識を多様な方法で表現する

👤 子どもの実態

- 「自然は守るべきもの」や逆に「自然は怖い」など，一面的な理解に留まる場合がある
- 防災に関しては，重要性を知識としてはもっていても，認知バイアスが働いていつでも当事者になり得るという実感はない

📋 学習課題（活動内容）

- 私たちの生活と自然環境の関係について，子どもが文字や数字，画像，動画，音楽などの多様な手段を使って「たとえ（メタファ）」で表現する
- 毎時間，たとえを変えたり増やしたりする

🗂 構造化

- 最初に日本の地形や気候，次に海洋に囲まれた国土，その次に自然災害と防災への取組と単元の学習を進める。その中で，生活と自然の関係を捉え直し，関係を自分なりにたとえる。そうすることで，日本の自然環境の特色を多面的・多角的に考察する
- 公民的分野の地方自治における防災や減災と関連付ける

🔍 効果的な見方・考え方 💬 発問

- 人間と自然環境との相互依存関係の視点に着目して，多面的・多角的に考察する。特に，自然から恩恵を受ける面と被害や制限を受ける面に着目する

「人間と自然の関係をたとえると，どのような表現になるか？」
「関係性を絵や音楽で表現すると，どうなるか？」

準備編
基本デザイン
研究の力点
成果のつなげ方
実践編
地理的分野
歴史的分野
公民的分野

新しい資源やエネルギーを
活用しない原因は何か？

❶ Start　素材　興味をもった新聞記事を教材に熟成させる

　「面白い」と感じた新聞記事を教材化した実践です。記事の概要は，経済産業省がデータセンターと海底通信ケーブルの整備を，北海道と九州に優先する方針を決めたというものです。その方針の根拠は，東京や大阪にデータセンターが集中するリスクの分散や，再生可能エネルギーの利用促進にあります。記事をきっかけに資料を収集し，記事の数か月後に実践しました。

　<u>ニュースの教材化では，情報の「鮮度」を重視する時と，「熟成」を待つ時があります。</u>今回のケースでは，情報化やエネルギー問題という大きな課題と関連付けるために，時間をかけて教材化しました。

❷ 発問　2つの課題をつなげる問いを考える

　単元を貫く学習課題は「新しい資源やエネルギーを活用しない原因は何か？」です。化石燃料の使用が抑制されない原因を追究します。学習の中で，日本では再生可能エネルギーの割合が多くないことを理解します。

　資源やエネルギーの学習の後に，産業の学習で前述の新聞記事に関連付けて，「なぜデータセンターを増やす場所が，東京や大阪ではなく北海道と九州なのか？」と発問をします。再生可能エネルギーの利用促進と情報化への対応という2つの課題解決につながる取組であることに気付くようにします。

❸ 構造化　単元内の学習に連続性をもたせる

　同じ単元でも，教科書の見開きに合わせて学習を進めると，子どもは毎回の授業で内容が完結しているように感じることがあります。学習の連続性をもたせるために，資源・エネルギーの学習と産業の学習を関連付けます。

「資源・エネルギーと産業」教材研究の流れ

Start

🎳 素材

- データセンターや海底ケーブルの立地に関する新聞記事
- 現在のデータセンターや海底ケーブルの分布
- 日本の資源やエネルギー利用の統計資料
- 再生可能エネルギーの利点と課題

📖 内容

- エネルギー資源や鉱産資源の輸入への依存
- エネルギー問題の地域差
- 産業の分布の特色と地域差
- 産業構造の変化と今後の変化の見通し
- エネルギーと産業の関連性

🚩 ゴールの姿（資質・能力）

- 日本の資源やエネルギー利用の現状を改善する方法について、持続可能性を考慮しながら構想する
- 情報化の一層の進展による産業の変化を見通し、日本の産業の課題を理解する

👤 子どもの実態

- 「国として見れば、日本は経済的に豊かである」という認識はある
- 鉱産資源に乏しい点や、賃金の伸びが鈍化している点などから見れば、豊かとは言い切れない面があるという認識は十分ではない
- 再生可能エネルギーを「クリーンである」と評価する子どもは多い

📃 学習課題（活動内容）

- データセンターに関する新聞記事を読み取り、事実の裏付けをする
- 日本の資源やエネルギーに関する他の新聞記事や統計資料から自分なりの問いを立てて追究する

🔍 効果的な見方・考え方　💬 発問

- 分布の見方・考え方を働かせながら、自然条件や社会的条件によって産業の特色が見られたり、分布が変化したりしていることについて考察する

「なぜ、再生可能エネルギーの利用は拡大しないのか？」
「なぜデータセンターを増やす場所が、東京や大阪ではなく北海道と九州なのか？」

🔧 構造化

- 資源・エネルギーと産業を関連付けて、単元内の学習に連続性をもたせる
- 災害に備えたリスク管理として、防災の学習につなげる
- 本単元で学習したことを、九州地方の環境の学習や、北海道地方の自然を生かした産業の学習で再度取り上げる

C 日本の様々な地域
(3)日本の諸地域　九州地方

SDGs の達成を目指すために，産業をどのように変化させるべきか？

❶ Start　子どもの実態　遠い地域に対して視座を変えて考察する

　日本の諸地域の学習では，子どもが自分の住む地域と結び付けて考察できるように，「地域」の見方・考え方を働かせます。「離れた地域だけど，私の地域と同じ特色がある」と一般的共通性に気付いたり，「同じ日本なのに，私の住む地域とはここが違う」と地方的特殊性を発見したりしましょう。

　私の勤務する北海道の子どもたちにとっては，「九州は遠くてよくわからない」と感じやすい地域です。わからないことを逆手にとって，視座を低くして九州の地方的特殊性に着目すると，新鮮な驚きがあります。そして，単元の後半では，視座を高くして北海道や日本全体に共通する特色に着目します。このように，視座を変えて多面的・多角的に考察できる流れにします。

❷　ゴールの姿（資質・能力）　「○○教育」の１つの ESD と関連付ける

　九州地方の学習では，環境への負荷が少ない産業がさかんであることを生かして，産業を中核とした考察を進めます。ESD（持続可能な開発のための教育）とつなげて，持続可能な社会が成立する条件を産業の面から考えることができるように，思考力・判断力・表現力の育成を目指します。

❸　学習課題　問いの質を意識して整理する

　「どうあるべきか？」という問いは，価値判断を伴う難度の高いものです。そこで，基礎的な知識の習得につながるように，単元の導入では子どもによる問いを集めます。実際の学習では「リサイクル工場はどこに分布するか？」や「環境に配慮した工場はいつからあるか？」「ブランド肉は環境にやさしいのか？」などの問いが出ました。これらの問いを質に応じて整理します。

「九州地方」教材研究の流れ

🥕 素材

- 九州地方の畜産に関する統計資料
- 各県の農作物の地域ブランドに関する資料
- リサイクル関連工場の写真や動画
- エコタウン事業の概要や分布図
- 九州地方における公害の写真や被害者の証言

📖 内容

- 九州地方の畜産における自然環境に配慮した農業の工夫
- リサイクル産業の発展と企業間の連携
- 地熱発電やバイオマス発電の積極的活用
- エコタウン事業に力を入れたまちづくり

🚩 ゴールの姿（資質・能力）

- 産業を中核として地域の特色を理解する
- 産業を通して，持続可能な社会が成立する条件を考察したり，持続可能な社会の在り方を構想したりして思考力・判断力・表現力を高める

👤 子どもの実態　**Start**

- 同じ日本でも，自分が暮らす地域と離れた場所については，よくわからないことが多い
- 工業だけではなく，農業も自然環境を改変して行うという意識が低い
- 産業活動と自然環境の保全は両立しないという思い込みがあり，持続可能な方法を検討しない場合がある

📋 学習課題（活動内容）

- 九州地方の農作物の地域ブランドの主題図を作り，ブランド化が進む要因を自然環境の特色と関連付ける
- リサイクル産業がさかんなことに関する問いをつくり，問いを分類・整理して追究する

🔍 効果的な見方・考え方　💬 発問

- 地域の見方・考え方を働かせる。他の地域と比較しながら，一般的共通性や地方的特殊性を発見して，産業を中核とした九州地方の特色を明らかにする

「SDGsの達成を目指すために，産業をどのように変化させるべきか？」
「なぜ九州地方では，環境に配慮した産業が農業・工業・発電など様々な分野でさかんなのか？」

🗂 構造化

- 産業を主題とするが，自然環境との関わりも大きいため，北海道地方で自然環境を中核として考察する学習と関連付ける
- 中部地方の産業の特色との違いについて，成長している産業の分野や，外国との結び付きなどに着目する

C 日本の様々な地域

(3)日本の諸地域　中国・四国地方

人口増加に頼らない地方活性化は可能だろうか?

❶ Start　素材　一部の成功例を典型例とする問題と向き合う

　中国・四国地方の学習では，人口や都市・村落を中核として，人口の変化が地域に与える影響について考察します。素材は，ふるさと納税です。この制度には，海鮮・肉・米などの人気の返礼品を扱うような特定の自治体に寄付が集中する問題があります。多数の注文に対応する工場や中間業者も必要であり，一強多弱を生む構造があります。また，都市部の市町村は税収減になる傾向があります。

　もう1つの素材は，高知県馬路村の六次産業化と徳島県上勝町の「つまもの」ビジネスです。これらは教科書では地域おこしの成功例として取り上げられます。これらの事例が先行者利益を示すだけで，他の地域はあきらめるしかないのかという問題と向き合うようにします。

❷ 学習課題　地域おこしの成功例を分析する

　ふるさと納税に関する統計資料を使って，中国・四国地方の中で納税額が高い市町村と，主な返礼品を調べます。また，ふるさと納税の仲介サイトを使って，人気がある品目や順位の特徴を分析し，問題点を考察します。

　また，地域おこしの具体例として，馬路村によるゆず加工場の整備や，上勝町の ICT 活用の事例を扱います。成功の要因を分析して，同じ地域の他の市町村が真似しづらい原因について考察します。

❸ 内容　地域間の競争による影響を理解する

　都市の人口増加による問題と，村落の人口減少による問題を理解します。そして，地域間の競争が起きる問題を理解して，共存の在り方を考えます。

「中国・四国地方」教材研究の流れ

Start

📌 素材

- ふるさと納税の市町村別の納税額や返礼品が人気の自治体と品目，税の流出額の資料
- 馬路村のゆず加工事業の関連資料
- 上勝町の「つまもの」ビジネスの関連資料
- 中国・四国地方における地域おこしの失敗例

📖 内容

- 人口増加によって生じる地域の変化
- 村落の人口減少による地域の変化
- 地域おこしによる地域間競争
- 地域の連携による広域的な地域おこし

🚩 ゴールの姿（資質・能力）

- 人口や都市・村落を中核として，人口の変化が地域に与える影響から地域的特色を理解する
- 独り勝ちではない地域おこしの方法について考察して，思考力や表現力を高める

👤 子どもの実態

- 利便性の高さから，都市への憧れが強く，村落などで人口が減少することはやむを得ないと考える場合がある
- 地域おこしについては「努力している自治体が偉い（＝人気のない自治体は工夫が足りない）」と考えて，自助努力の限界やふるさと納税の構造的問題に目を向けない傾向にある

📋 学習課題（活動内容）

- ふるさと納税の現状と問題点を把握する
- 地域おこしの成功の秘訣を分析する
- ふるさと納税の返礼品競争や地域おこしの後発組の課題をつかみ，地域の変化に対応する方法を構想する

🔍 効果的な見方・考え方 💬 発問

- 空間的相互依存作用の視点から，地域おこしが地域間競争に陥る課題をつかみ，広域的に地域が発展するための方法について多面的・多角的に構想する

「人口増加に頼らない地方活性化は可能だろうか？」
「ふるさと納税は，地域おこしにプラスなのか？」
「地域おこしに出遅れた地域は，あきらめるしかないのか？」

🗂 構造化

- ある地域の課題解決が，別の地域の課題を生む場合があることを理解する。地理的分野の最終単元である「地域の在り方」の学習につなげて，より多くの地域にプラスとなる地域振興の方法を構想する

準備編
基本デザイン
研究の力点
成果のつなげ方
実践編
地理的分野
歴史的分野
公民的分野

近畿地方のイメージは，どのような地域の特色から影響を受けているのか？

❶ Start ▶ ゴールの姿（資質・能力）　ゴールに到達する支援を行う

　本単元では，地域の誇りという目に見えにくい事象を扱います。生活する人たちの自己認識と地域的特色を関連付けて，思考力や表現力を育成します。

　地域の誇りという主題は，学習指導要領の解説における「その他の事象を中核とした考察の仕方」に該当します。ゴールの難度が高い分，子どもが問いの追究に必要な資料を集めることを手伝ったり，資料に注釈を付けたりするなど，ゴールに到達するための支援をきめ細かに行いましょう。

❷ 子どもの実態　イメージの偏りを自覚する機会をつくる

　子どもに近畿地方のイメージを尋ねると，「お笑い」「歴史」などの言葉が出てきます。それらの言葉と結び付きの強い地域を見ていくと，近畿の中でも大阪や京都・奈良に偏りが見られます。単元の導入では近畿地方のイメージを取り扱うことで，子どもが知識の偏りを自覚し，他県の特色や，お笑い以外の大阪，歴史以外の京都・奈良の特色に関心をもつようにします。

❸ 学習課題　子どものイメージと教科書の内容をつなげる

　単元を貫く学習課題は「近畿地方のイメージは，どのような地域の特色から影響を受けているのか？」とします。学習の最初は「関西人と言えばお笑い」のように子どもから出たイメージと地理的特色を結び付けます。

　毎時間のふりかえりの中で，わかったことの概要を地図にまとめると，次は空白のままの地域に目が向くようになります。学習が進むにつれて，大阪弁と京都弁の違いや，名古屋が生活圏にある三重県の人々の暮らしなど，地域内の違いや地域を超えた結び付きが見えてきます。

「近畿地方」教材研究の流れ

📦 素材

・関西や大阪，京都など近畿地方に関するアンケート結果
・47都道府県別の生活意識調査（ソニー生命保険株式会社による調査結果）
・伝統産業や近代から続く工場の分布図

📖 内容

・近畿地方の伝統文化と人々の暮らし
・近畿地方の産業の歴史
・近畿地方の各府県の相互の結び付き
・伝統文化の伝承や祭りによる地域振興
・形を変える伝統文化

🚩 ゴールの姿（資質・能力） **Start**

・文化の歴史的背景に着目して，地域に住む人々の誇りの根拠となる，地域の伝統的な生活・文化の特色について理解する
・近畿地方の地域内の結び付きに着目して，産業や地域の課題と関連付ける表現をする

👤 子どもの実態

・近畿地方については「お笑い」「たこやき」「関西弁」など大阪府に由来するイメージが強い
・歴史の学習をしているため，京都や奈良には伝統があるというイメージも強い
・近畿地方の北部と南部では気候が違うことは理解していても，気候と生活や文化との関連性については意識せずに一括りにしがちである

📋 学習課題（活動内容）

・「お笑い」「商売」「伝統」など近畿地方に関するイメージの形成に与える地理的な特色を探る
・江戸時代に大阪が「天下の台所」と呼ばれたように，令和の時代にふさわしい近畿地方の異名を考える

🔍 効果的な見方・考え方 💬 発問

・地域の視点の内，地方的特殊性に着目して，地理的事象が人々の自己認識に与える影響について，多面的・多角的に考察する

「近畿地方のイメージは，どのような地域の特色から影響を受けているのか？」
「近畿に住む人たちと，他地域の人たちでは，近畿地方に対するイメージは違うのだろうか？」

🗂 構造化

・学習の中で歴史の教科書を活用して，近畿地方の歴史と現在の生活の関連性に気付くようにする
・地域内の違いに着目する方法を中部地方の学習でも取り入れて，地域の特色を多面的・多角的に考察する

なぜ中部地方には生産額日本一の県が数多くあるのか？

❶ Start　構造化　単元を貫くことで昔の地誌学習から脱却する

　中部地方の学習は，語句レベルの知識が多く，東海・中央高地・北陸の産業を網羅的な学習で知識を詰め込んで終わってしまうことがあります。その対策として，単元を貫く学習課題を「なぜ中部地方には生産額日本一の県が数多くあるのか？」として，1時間の学習をつなげて構造化します。

❷ 学習課題　意外な事実を提示して問いを引き出す

　ひと工夫として**教科書の内容と関連付けながら，子どもが驚くデータを提示します**。例えば，ピアノは多くの教科書に掲載されていますが，実はドラムの生産もさかんで，世界トップ3はいずれも日本企業です。特に静岡県では，木材加工の技術を生かして，高品質のドラムの生産が行われています。

　単元の導入では，中部地方には生産額日本一の品目が多いというデータを提示して，「え，どうして？」という気持ちを引き出します。子どもは自分で品目を選んで考察します。教師は，一部の県に偏らないように助言します。

　考察結果は Google スライドにまとめ，学級ごとに作った Google サイトにスライドのリンクを埋め込みます。スライドの1枚目は，中部地方の地図に概要を書き入れた形で揃えます。そうすると，サイトでの一覧性が増します。

❸ 発問　子どもの問いを尊重するために発問は厳選する

　教師の発問は厳選します。例えば，「トヨタの本社が東京に移転しない理由はなぜか？」や「東京にはない，産業面での愛知の強みは何か？」，「海外の安価な製品が増えているのに，なぜスプーンやメガネフレームの生産が産業として成り立つのか？」などは，子どもの視野を広げるので効果的です。

「中部地方」教材研究の流れ

📎 素材
- 工業統計調査や経済構造実態調査
- 農業産出額及び生産農業所得
- 港湾の取扱貨物量や貿易額の統計
- 中京工業地帯の工場群の結び付きの資料
- 北陸地方の伝統産業に関する資料
- 東海地方，中央高地，北陸地方の農家の工夫に関する資料

📖 内容
- 中部地方の多種多様でさかんな産業
- 東海地方の温暖な気候を利用した農業
- 中央高地の冷涼な気候と地形，立地を利用した工業や農業
- 豪雪地帯を克服する稲作や伝統産業

🏴 ゴールの姿（資質・能力）
- 中部地方で産業がさかんな要因を多面的・多角的に考察することで，地域の特色を理解する
- 自分の関心に沿って中部地方に関する問いをもち，資料から必要な情報を収集して考察する

👤 子どもの実態
- 小学校の学習で中京工業地帯の自動車産業や北陸地方の稲作がさかんであることを理解している
- 東海地方，中央高地，北陸地方を個別に捉えて，それぞれの結び付きに着目するのが盲点になっていることがある

📋 学習課題（活動内容）
- 中部地方・中央高地・北陸地方を対象に，農業と工業から１つずつ品目を選んで日本一の理由を追究する
- 調べて考えたことをGoogleスライドにまとめる。各自のスライドをGoogleサイトに埋め込んで共有する

🔍 効果的な見方・考え方　💬 発問
- 地域の視点を働かせて，地域内で工業や農業など様々な産業がさかんである背景を，他地域や地域内の結び付き，人々の工夫などに着目して考察する

「なぜ中部地方には生産額日本一の県が数多くあるのか？」
「トヨタの本社が東京に移転しない理由はなぜか？」
「東京にはない，産業面での愛知の強みは何か？」

🏗️ 構造化　**Start**
- 中部地方の各地の地誌的な学習を網羅して行わず，「日本一」というテーマで地域の特色について考察する
- 九州地方の学習で産業を中核とした考察をした経験を生かして，自然環境と産業との関係について考察する
- 産業と交通・通信の関係について考察することで，交通・通信を主題とする関東地方の学習につなげる

オンライン化が進む中で，東京には日本の中心として価値をもつのか?

❶ Start　活動内容　東京の価値を問い直す

　東京大都市圏への一極集中をテーマとして，交通・通信を中核とした考察を行います。東京には，経済，政治，文化，学問などの様々な分野で中心的な役割を果たしています。また，交通網が発達して他の地域との結び付きが高度に発達しています。しかし，オンラインによる商取引の普及やテレワーク，オンライン学習等の技術が定着したことで，空間的な制約に囚われない生活が可能になりつつあります。本単元では，その可能性に着目します。

　私たちの生活や社会活動について，**オンラインで代替可能なものと不可能なものを分類**します。そして，将来の関東地方の在り方を予測します。

❷ 子どもの実態　教科書にないことに向き合う

　東京のような大都市には人を惹きつける魅力があります。学習の中で，その魅力がどのような地域的特色に由来するのか，対話を通して分析します。

　関東地方の学習の途中で，ある子どもが「人が集まりすぎることの大変さがあり，テレワークで十分」と発言したのに対して，別の子どもが「関東だとテレワークの環境が整う大企業が多いし，遊ぶ時は外出したい」と反論しました。コロナ禍やオンライン化の進展という最新の話題と教科書の内容を上手に結び付けると，子どもが高い関心をもって学習に臨むことができます。

❸ ゴールの姿（資質・能力）　新しい課題に対応する判断力を養う

　オンライン化による生活の変化は，関東地方に限ったものではなく，世界共通の課題と言えます。1つの地域を事例としながら，日本全体や世界につながる課題を把握して，社会のあるべき方向性を判断できるようにします。

「関東地方」教材研究の流れ

📌 素材

・経済や政治，外交，文化，学問，娯楽などに関して関東地方や東京への集中を示す資料
・交通網の整備や他地域との人・物・お金の移動に関する資料
・コロナ禍でのテレワークやオンライン会議，オンライン学習の利便性に関する新聞記事

📖 内容

・関東地方の自然や人，産業，文化の特色
・関東地方と日本各地や世界との交通・通信網を通した人・物・情報などの移動
・テレワークやオンライン通販，娯楽の電子化など生活の変化

🚩 ゴールの姿（資質・能力）

・物資や人々の移動の特色や変化を理解する
・世界情勢の変化が地域に与える影響を把握し，地域のあるべき姿について判断をして表現する

👤 子どもの実態

・東京のような大都市に魅力を感じる子どもは多いが，関心をもたない場合もある。そこで，対話を通してお互いの解釈の相違点や共通点に気付くようにする
・オンライン化による生活の変化は，家庭環境によって実感に差がある。そこで，テレワークやオンライン学習の事例を取り上げて，前提とする知識の格差を軽減する

📋 学習課題（活動内容）　Start

・東京や関東地方が「中心」として果たす機能を探す
・私たちの生活や社会活動について，オンラインで代替可能なものと不可能なものを分類する
・将来の関東地方の在り方について，10年後と20年後に分けて予測をする

🔍 効果的な見方・考え方　💬 発問

・空間的相互依存作用に着目し，他地域との結び付きについて多面的・多角的に考察する

「オンライン化が進む中で，東京には日本の中心として価値をもつのか？」
「オンラインで代替可能なら，人が集まることはリスクを高めるだけではないだろうか？」

🔧 構造化

・これまで学習した地域や世界各地との交通・通信での結び付きについて取り上げる
・公民の情報化社会の学習と関連付ける。東京を中心とした関東地方におけるオンライン化の進展の利点と課題を理解する

地域がどのような状態になったら復興したと判断できるのか？

❶ Start ▌ 素材 震災の一次資料で自分と重ねることができるようにする

　資料として活用するのは，東日本大震災に関するデジタルアーカイブです。国や自治体，メディア，研究機関などによって，様々なデジタルアーカイブのサイトが公開されています。それらの一次資料を通して当事者たちの声に接することで，子どもが復興を切実な課題として認識できるようにします。

❷ ▌ 内容 震災と教科書の内容をつなげる

　震災に関する資料は豊富であるために，子どもは情報の処理に困る可能性があります。そこで，震災に関して調べたことを教科書の内容と関連付けます。自然環境や産業と震災の被害の因果関係について考察する他，東北の祭りなどの生活文化が復興の支えになったことに気付きます。

　考察した内容は，震災から20年後の2031年までに達成すべき「復興への5つのゴール」としてまとめて，SDGsのようにアイコンと短い文章で表現します。被災者にとっての区切りの形を子どもたちなりに考えます。

❸ ▌ 子どもの実態 子どもの問いから課題を修正する

　単元を貫く学習課題は，復興の解釈に焦点を当てたものです。当初は別の課題の予定でした。しかし，関東地方の学習で，東京オリンピックが「復興五輪」として計画されたことを話題にした時，ある子どもが「どうなったら復興なの？」という発言しました。それをきっかけに，課題を修正しました。

　単元を貫く学習課題を子どもが一からつくるのは難しくても，教師が提示した課題を修正することは可能です。目標から外れないようにしながら，単元によっては子どもと一緒に課題を設定する「余白」を準備しておきます。

「東北地方」教材研究の流れ

Start

🧰 素材

- 震災に関する複数のデジタルアーカイブ（研究機関，国，東北各県，メディア等）
- 東北地方の復興に関する統計やニュース，新聞記事，復興計画と実際の様子に関する資料
- 震災前後の東北の祭りに関する映像資料
- 東北の伝統文化と農業の関連を示す資料

📖 内容

- 東日本大震災の被害
- 災害を通して捉える東北地方の自然環境
- 復興を通して捉える東北地方の産業や生活・文化
- 伝統的な文化の他地域との共通性

🚩 ゴールの姿（資質・能力）

- 災害が地域に与える影響について理解する
- 伝統的な生活・文化と，災害からの復興を関連付けて，地域の在り方について思考し，表現する

👤 子どもの実態

- 中学生は東日本大震災の記憶がない世代となり，学校所在地から離れていると，切実な課題としては捉えにくくなっている。そこで，一次資料を扱い，当事者たちの声を耳にする機会をつくる
- 防災に留まらずに，東北地方の各地のまちづくりの視点から復興について考察する。それによって，自分の地域と重ねながら切実性をもてるようにする

📋 学習課題（活動内容）

- 東日本大震災の被害や影響について，東北地方の自然環境と関連付けて調べる
- 復興の状況について生活・文化の面を中心に調べる
- 2031年を期限とする「復興への5つのゴール」を構想し，文章とアイコンで表現する

🔍 効果的な見方・考え方　💬 発問

- 地域の特殊性や他地域との共通性に着目し，震災からの復興を目指す地域や人々の生活の状況と今後の在り方について，多面的・多角的に構想する

「地域がどのような状態になったら復興したと判断できるのか？」
「祭りは，人々をどのような面で支えているのか？」

🗂 構造化

- 「日本の地域的特色と地域区分」で学習した事項を生かして，東北地方の復興の在り方に共助や公助の視点を取り入れる
- 「復興への5つのゴール」は，SDGsの17のゴールと関連付けて，持続可能な地域の在り方を構想する

アメリカ式の農業を取り入れた北海道で，アメリカ式の工業はできないのか？

❶ Start | **ゴールの姿（資質・能力）** ステレオタイプな理解を超える

　北海道地方の学習では，自然環境を中核として考察します。ポイントは「北海道は豊かな自然ですばらしい」というステレオタイプな理解に留まらないようにすることです。自然の恩恵だけではなく，自然環境が豊かゆえに開発が難しい点や，第一次産業が中心となって経済が伸び悩む点など，課題にも着目します。地域のよさを生かしながら課題を解決するという姿勢で学習に臨み，思考力・判断力・表現力を育成します。

❷ | **素材** 北海道の定番の一次産業や観光に加えて工業を扱う

　北海道は広大な自然を生かした農業や漁業，観光業の印象が強く，学習でもそれらを中心に扱うことが多くなります。その一方で，工業については教科書ではほとんど扱いがありません。そこで，「北海道ではアメリカ式の大規模農業が成功したのに，アメリカ式の工業はできないのか？」という発問から，自然環境と関連付けた産業について多面的・多角的に考察します。

　資料としては，1つは石炭産業に着目し，資源の枯渇によって産業が衰退したことを理解します。もう1つは，先端半導体メーカー（ラピダス）の工場が北海道千歳市に決まったというニュースから，アメリカの西海岸地区のように，北海道でICT産業が発展する可能性について考えます。

❸ | **効果的な見方・考え方** 人間と自然環境の相互依存関係の視点に着目する

　単元を貫く学習課題は「北海道の魅力は，住む人たちのためにどのように生かせるか？」です。自然を守ること（自然環境の保全）と社会を守ること（地域の産業や生活の維持）の両立を図るため，見方・考え方を働かせます。

「北海道地方」教材研究の流れ

👣 素材

・北海道の観光に関する写真やアンケート
・農業の6次産業化に関する資料
・石炭産業の歴史や日本遺産「炭鉄港」の資料
・先端半導体メーカーの工場建設や，データセンターの設置に関するニュース

📖 内容

・寒冷で広大な自然環境と，建築や土木，生活習慣の結び付き
・寒冷で広大な自然環境に対応するための稲作・畑作・酪農の工夫
・自然環境を生かした観光業
・アイヌ民族の生活と変化

🚩 ゴールの姿（資質・能力） Start

・自然環境と生活や産業の結び付きを理解する
・自然環境の恩恵の理解のみに留まらずに，自然を開発する上での課題について考察することで，思考力・判断力・表現力を育成する

👤 子どもの実態

・北海道に対しては広大な自然や冷涼な気候についての理解はある。しかし，太平洋側と日本海側の気候の違いなど，広大ゆえの地域差の大きさを理解していない場合がある
・生活の改善や産業の発展のために自然を開発する是非については，子どもの価値観によって意見が分かれる

📋 学習課題（活動内容）

・北海道が他の地域に勝る魅力と，他の地域と比べた課題について，論拠となるデータを集めて分析する
・考察した結果はPadletのマップに主題図の形でまとめる。地図の中に各時間の成果物へのリンクを貼り，単元全体での学習の状況が他者にわかるようにする

🔍 効果的な見方・考え方 💬 発問

・人間と自然環境との相互依存関係に着目し，北海道の地域的な魅力と課題について考察する

「他地域の人は，なぜ北海道に魅力を感じるのか？」
「北海道民は，地域に魅力を感じているのか？」
「観光客と地域住民の双方が満足度を上げるような観光は実現できるのか？」

📊 構造化

・産業に関する考察では，九州地方や中部地方と比較する
・人口の減少などの課題については，中国・四国地方の学習成果を生かす
・北アメリカ州の学習内容（適地適作や豊富な資源，ICT産業など）を生かして，北海道の特色について考察する

地理
20
的分野

観光客と地域住民の双方が満足度を上げるような観光は実現できるのか？

❶ Start 子どもの実態 個人の課題と地域の課題を結び付ける

地域の在り方に関して，課題設定を子どもに任せると個人的な不平不満に終始することがあります。対策として，２つの方法を取ります。

１つは，教師が問い返しや助言をして，個人的な感想を地域の課題の把握と解決へつなげる支援をします。勤務校では，多くの子どもから「観光がさかんだが，住民に恩恵がない」という意見が出ました。そこで，「観光客と地域住民の双方が満足度を上げるような観光は実現できるのか？」と問い返しました。その問いが，学級として追究する課題になりました。

もう１つは，根拠となる資料の用意です。子どもが事実とは異なる思い込みをしている場合があります。地域調査の単元で収集した資料や，教師が準備した資料を活用して，根拠を明確にした主張ができるようにします。

❷ 活動内容 子どもである強みを生かして地域に発信する

課題を調べて終わりだと，地域を担う意識は高まりません。そこで，子どもが構想した内容を提言にまとめ，ウェブサイトに限定公開しました。リンクのわかる保護者や地域の人，他の教職員だけがアクセスし，提言に対するコメントを送信できるようにしました。子どもが地域のことを真剣に考えてユニークなアイデアを提案する行動は，大人の関心を呼びます。子どもであることの強みを生かして，地域に貢献するきっかけをつくります。

❸ 構造化 学習の積み重ねを生かして見方・考え方を働かせる

地理学習のまとめの単元として，内容と方法の両面で既習事項を活用します。特に，見方・考え方は教師が示唆せずに，子どもに選択を任せます。

「地域の在り方」教材研究の流れ

🧦 素材
- 新聞の地方版や地方紙の特集記事
- ローカルテレビ局の地域の課題に関する特集
- 町内会や商工会議所の関係者のインタビュー
- 地方公共団体の地域振興策に関する資料
- 地域調査で収集した統計や地図

📖 内容
- 地球規模の課題に関連付けた地域の課題
- 実現可能かつ持続可能な解決策

🚩 ゴールの姿（資質・能力）
- 地域的な課題を把握して，解決に向けて持続可能な地域の在り方を構想して表現する
- 構想を表現・説明して議論する手法を理解する

👤 子どもの実態 **Start**
- 地域の在り方については，個人的な不平不満に過ぎない場合がある。個人的な感想を出発点に，地域的な課題の発見へとつなげる。そのために，産業や生活に関する統計資料や，地形や気候などの地域的な特色を根拠にして課題把握ができるように促す
- 課題を調べて終わりだと，地域を担う意識は育まれない。保護者や地域に向けた提案によって，地域に貢献するきっかけをつくる

📋 学習課題（活動内容）
- まちづくりを阻害する要因を分析する
- 地域の課題解決の方向性を「○○を〜な地域にする3つの柱」という枠組みで表現する
- 構想したアイデアをウェブサイトにまとめて限定公開し，保護者やコミュニティスクールの関係者が閲覧できるようにする。コメントを通してやりとりする

🔍 効果的な見方・考え方　💬 発問
- これまで鍛えてきた地理的な見方の中から，課題解決に最適な視点や方法を子どもが選択する

「観光客と地域住民の双方が満足度を上げるような観光は実現できるのか？」
「シャッター商店街や空き家が増える問題を，人口増加以外の方法で解決できるのか？」

🗂 構造化
- 地域調査の単元で収集した資料や作った地図を活用する
- 学習経験を生かして，課題や資料に応じて適切な見方・考え方を子どもが判断する
- 構想した内容や手法を公民的分野の地方自治に活用する

歴史なんて意味がないという発言に，何と返すか？

❶ Start ▶ 子どもの実態 歴史学習の導入として前向きさを引き出す

「昔のことを学んで，何の意味があるのか？」という疑問は，子どもだけではなく，社会でもよく言われることです。中学生だと「テストや受験のため」と割り切ることがありますが，それでは外発的動機づけに過ぎません。

また，小学校では社会科は「好きな教科アンケート」の最下位に沈むことがあります。「テストのために興味のない昔の言葉を暗記させられる」という否定的なイメージを変え，前向きに歴史を学ぶきっかけをつくります。

❷ 学習課題 歴史を学ぶ意味を問い直す

単元を貫く学習課題は「昔を学ぶと，未来の何が変わるのか？」です。導入として，「小学6年生に『歴史なんて意味がない』と言われたら，何と反論するか？」と問います。教室では小学生役と中学生役に分かれたロールプレイを行い，AIによる回答の批評も行います。「歴史なんて意味がない」という本音と向き合いながら，私たちが過去から学ぶ意義について考えます。

❸ 発問 「昔」という発言に反応して「いつ」の精度を上げる

子ども同士の対話の中で，ほぼ必ず「昔」という表現が出てきます。その言葉を聞き逃さないようにして「昔って，いつのこと？」と問います。子どもの回答に対しては「西暦だと何年？」や「何時代？」，「何世紀ころ？」と問い返します。そうすると，子どもたちは**時期や年代の見方・考え方**を働かせて，過去を正確に表現するようになります。年代の表し方や時代区分の学習の導入にもなります。歴史学習では，子どもが「この歴史的事象はいつのことか？」といつでも問う習慣を身に付けるようにします。

「私たちと歴史」教材研究の流れ

素材
・小学6年生の教科書に登場する人物と文化財の画像や動画
・「歴史を学ぶ意味を説明して」という質問に対する生成AIの回答例

内容
・歴史を学ぶ目的や，歴史を学んだことで得られる成果
・西暦，世紀，元号の関係や時代を区分する意味や意義

ゴールの姿（資質・能力）
・小学校の学習を踏まえて，歴史的事象と現在のつながりに着目しながら，歴史を学ぶ意義について考え続ける姿勢を養う
・年代の表し方や時代区分の意味について基本的な内容を理解する
・情報を年表にまとめる技能を身に付ける

子どもの実態　**Start**
・小学生の頃から歴史を学ぶ意義に疑問を感じ，仕方なく学んでいる場合がある
・歴史の詳細な知識の習得を好む場合もある
・「暗記教科」というイメージが強い
・歴史の大きな流れをつかんだり，時代の大まかな特色を理解したりするのを苦手にしている場合がある

学習課題（活動内容）
・小学6年生に対して歴史を学ぶ意義を説明する
・生成AIによる歴史を学ぶ意義の説明について，批判的に検討して「ツッコミ」を入れる
・「昔」という言葉が指す時期や年代の違いや幅について意見をまとめる
・文化遺産が現存する価値について評価をする

構造化
・歴史を学ぶ意義については，長期休業前と年度末に再度問い直す。歴史学習の本質に関わるため，繰り返し考えて議論する機会を設ける
・学習した歴史的事象をオンラインの年表に個々にまとめる活動を年間を通して行う。年表にまとめる技能や年代と時代区分の知識が身に付くように継続して指導する

効果的な見方・考え方　 発問
・時期や年代の見方・考え方を働かせて，歴史を学ぶ意義について多面的・多角的に考察する

「昔を学ぶと，未来の何が変わるのか？」
「歴史を学ぶ意味がないという発言に何と返すか？」
「昔とは，いつのことか？」

聞き手が意外な一面に感じる 歴史的事実とは，どのようなことか？

❶ Start ▎素材 今とは違う意外な地域の様子を提示する

　身近な地域の単元では，今からは想像もつかないような昔の姿や，想像以上の変化を学ぶことで，歴史の面白さを実感できるようにします。そのために，古地図や遺物などを提示して，地域の意外な一面に着目させます。

　私の場合は，約80年前の勤務校周辺の写真を見せます。校舎はなく，畑が広がっている写真です。そして，実は滑走路の予定地が学校になったという事実を示します。子どもたちは意外な事実に驚きつつも，「確かに敷地とグラウンドが細長い」などの事実に気付きます。そして，単元を貫く学習課題は「聞き手が意外な一面に感じる歴史的事実とは，どのようなことか？」として，デジタル紙芝居かデジタル４コマ漫画を作成します。

❷ ▎効果的な見方・考え方 推移の見方・考え方を働かせる

　異なるように見える昔と今をつなげて考えるためには，推移の見方・考え方が効果的です。**推移には，変化・継続・発展の３つの視点**があります。本単元では，歴史的事象と現代とのつながりについて，変化や発展を基本としつつ，継続するところにも目を向けるようにします。学習活動としては，素材を提示して予想する場面から「今とはどこが変わっているか？」「逆に変わっていないことはないか？」と発問し，見方・考え方が働くようにします。

❸ ▎学習課題 驚きにつながる発見を目指す

　ある子どもは，地域の発展と学校を結び付けて，中学校の生徒数の推移を調べました。祖母が保管していた40年以上前の文集を見つけ，かつては今の３倍以上の生徒数で，１学年に13学級もあった事実を明らかにしました。

「身近な地域の歴史」教材研究の流れ

素材
・学校所在地の自治体史や学校記念誌
・学校周辺の古地図や，近代以降の地形図
・学校周辺の明治・大正・昭和の写真
・学校周辺で出土した原始・古代の遺物
・小学校で使用した地域史に関する副読本

Start

内容
・身近な地域の歴史の調査
・地域の歴史を通した歴史上の出来事の具体
・歴史と現代とのつながり
・歴史を追究する方法の学習

ゴールの姿（資質・能力）
・生活する地域の歴史と自分とのつながりに着目し，地域の歴史や文化への関心を高める
・地域に残る諸資料や文化財から歴史的な特徴に関する情報を読み取って自らの主張の根拠とし，考察した結果を的確に表現する

子どもの実態
・地域の昔を知る意義を実感していない
・1次資料から情報を読み取る経験は，小学校では多くない。中学校でも講義形式の授業に慣れていると，資料活用技能は身に付かない。そこで，身近に感じることができる題材を通して，自ら資料を集めて情報を読み取る機会をつくる

学習課題（活動内容）
・地域の歴史に関するテーマを決めて，デジタル紙芝居か4コマ漫画の形式で歴史的特色を表現する
・お互いの作品を「意外な一面に感じること」と「資料の根拠があること」というポイントに沿って評価し合う
・校区の小学生に，実際に紙芝居を披露する

構造化
・地域の土地利用や産業，人口の変化などについては，地理的分野の身近な地域の調査や地域の在り方の学習成果を生かす
・小学校での「県内の伝統や文化，先人の働き」に関する学習を生かす。小学校で使用した地域の歴史に関する副読本を資料として，より深く調べるようにする

効果的な見方・考え方 発問
・推移の視点に着目し，過去と現在の地域を比較して，変化した点や変わらない点，発展した点から地域の歴史的な特徴を多面的・多角的に考察する

「聞き手が意外な一面に感じるテーマとは，どのようなものか？」

B 近世までの日本とアジア

(1)古代までの日本　世界の古代文明や宗教のおこり

世界遺産が伝えないのは，歴史のどのような面か？

❶ Start ▌素材 ▌教科書の写真の価値を引き出す

　教科書には様々な写真や統計が資料として掲載されています。何気なく扱うだけでは，もったいない資料がたくさんあります。特に，世界遺産は教科書の写真では「世界遺産」などの表記が加えられている特別な資料です。

　世界遺産は子どもの目を引く資料です。その魅力を活用するように，世界遺産を中心に単元の学習計画と，各時間の学習展開を組み立てます。

❷ ▌発問 ▌収拾がつかなくなりがちな「わからないこと」をあえて問う

　単元を貫く学習課題は，「世界遺産が伝えることと伝えないことは何か？」です。第3時の古代文明の学習を例にします。「わからないこと」を問うと，答えの幅が際限なく広がるので収拾がつかない心配があります。

　そこで，世界遺産からわかることについて考えた後に「じゃあ，世界遺産が伝えないのは，歴史のどんな面かな？」と問います。資料の価値と限界に着目するようになります。

❸ ▌構造化 ▌資料活用の基礎を少しずつ鍛える

　社会科における資料とは，理科で言えば観察や実験のデータに相当します。考察の拠り所となります。

　しかし，子どもの実態としては，思考の場面で資料から導き出される解釈と，自身の想像に過ぎない意見を混同する場合があります。そこで，資料からわかる情報と，想像の域を出ない情報を分ける意識を育てます。

　また，世界遺産は学習の中で繰り返し登場します。単に「すごい」ではなく，すごさの源泉としての資料的価値に着目するように鍛えましょう。

「世界の古代文明や宗教のおこり」教材研究の流れ

Start

🪓 素材

- ピラミッドやジッグラトなどの巨大建造物や，モヘンジョ＝ダロのような古代都市
- 遺跡から出土した文字を含む遺物

📖 内容

- 世界遺産の価値や特色，保存状態
- 多くの材料や労働力を動員できた権力者が君臨する国家の存在
- 古代文明の建造技術や学問，信仰
- 未解明の文字や謎が残る文化
- 支配者と被支配者の関係

🚩 ゴールの姿（資質・能力）

- 世界遺産には，人類にとって普遍的な価値がある
- 生産技術の発達や文字の使用が見られ，身分の分化によって支配者が現れ，巨大建造物が造られた
- 歴史で扱う資料から得られる情報には限界がある

👤 子どもの実態

- 世界遺産に指定される文化財を見たことがあっても，詳しい内容や時代背景はわからない
- 日本から離れた地域のことで，関心が薄い
- 資料からわかる情報と想像を分けて認識していない場合がある
- 現代の価値観で歴史的事象を評価すると，現在の価値観を相対的に上位に置くことにつながる。そこで，当時の歴史的文脈における評価や，遺跡として現在に残ること自体を評価するように促す

📋 学習課題（活動内容）

- 世界遺産からわかる情報を通して，文明の共通点を見つける
- 世界遺産からわからない情報を整理する
- 文明の特徴と言える社会的事象を関連付ける

🔍 効果的な見方・考え方　💬 発問

- 多面的・多角的な考察を促す。特に資料からわかる情報の種類や，逆にわからない情報について考えるようにする

「世界遺産からわかるのは，歴史のどんな面か？」
「世界遺産が伝えないのは，歴史のどんな面か？」

🗂 構造化

- 資料から得られた情報を分類して整理することで，1時間の学習を構造化する
- 今後の学習で世界遺産が登場した場合について，単にすごさや立派さを感じて終わるのではなく，資料として活用する意識を育む

準備編
基本デザイン
研究の力点
成果のつなげ方
実践編
地理的分野
歴史的分野
公民的分野

「縄文時代のよさを見直そう」
という意見に, 賛成か反対か?

❶ Start ▶ **ゴールの姿（資質・能力）** 過去を過剰に評価も否定もしない

　本単元の課題は, 「1000年以上前の時代を, 現代に生きるあなたはどのように評価するか?」です。縄文時代に関しては「平和で平等な時代」という言説を取り上げて, その主張の妥当性を判断します。

　時代の変化を「発展」として盲目的に礼賛をせず, 同時に過去の社会を過剰に評価することも避けるようにします。多面的・多角的に考察しながら, 合理的な価値判断を目指します。「〇〇時代はよかった」という結論ありきではなく, 事実から意見を積み上げるトレーニングができるようにします。

❷ **構造化** 歴史を評価する経験を積み重ねる

　歴史の学習では, 歴史的事象を解釈して評価する活動を計画的に行います。それは, 歴史は単なる過去の事実の集合ではないからです。歴史で扱う資料は, 偶然であれ意図的であれ, 何らかの形で記録されたものです。そして, 私たちは資料から必要だと感じる情報を読み取って解釈します。したがって, **歴史とは, 資料も思考も偏りやすい分野である**と言えます。

　都合よく歴史を解釈するのではなく, より公正かつ客観的に歴史の特色をつかむために, 語句レベルの知識を暗記して終わらせないようにします。現代に生きる私たちの立場から, 過去の出来事を評価する経験を積み重ねます。

❸ **素材** 迷ったら資料に戻る習慣を身に付ける

　歴史を恣意的に評価しないために, 根拠となる事実を丁寧に扱います。個人思考や対話が行き詰まったら, 資料に立ち返るようにします。論理が飛躍しないように十分な資料を準備して, 丁寧に資料を読解します。

「日本列島における国家形成」教材研究の流れ

🎒 素材

- 縄文時代から飛鳥時代までの遺跡や遺物と，それらの価値を端的にまとめたウェブサイトや専門書
- 縄文・弥生・古墳・飛鳥の各時代の推計人口
- 神話や伝承と史実の関係に関する専門書

📖 内容

- 日本列島における農耕の広まりと生活の変化
- ヤマト王権による支配の拡大と朝廷の政治
- 東アジアとの貿易や移住者の役割

👤 子どもの実態

- 第一印象に流され，結論ありきで都合のよい情報を集めやすい。そこで，反論を想定するように促す
- 根拠を示すことを苦手にする子どもは多い。そこで，資料から読み取ることができる事実と，資料から導き出される解釈を分けて思考するように助言する
- 第一印象から結論を変えない時がある

🚩 ゴールの姿（資質・能力）　**Start**

- 原始や古代の事象に対する歴史的価値について，多面的・多角的に考察しながら合理的な判断を行う。判断に至った経緯と結果を的確に表現する
- 事実を根拠にして主張を積み上げる

📋 学習課題（活動内容）

- 縄文・弥生・古墳・飛鳥の各時代に関する歴史的な評価を取り上げて，対話型論証モデルもしくはトゥールミンモデルに当てはめて論を展開する
- 縄文時代については「平和で平等な時代」という言説を取り上げて，主張の妥当性を評価する

🔍 効果的な見方・考え方　💬 発問

- 因果関係に着目すると，事実と解釈のつなげ方の矛盾や不十分さがわかるため，論理的な主張になる

「1000年以上前の時代を、現代に生きるあなたはどのように評価するか？」
「縄文時代は平和で平等な時代であるという主張を，あなたはどう評価するか？」

🗂 構造化

- 原始・古代から現代までの各単元において，歴史的事象を解釈して評価する活動を計画的に行い，公正で客観的に判断する力を育む
- 社会科の学習の基本として，根拠を示して意見を述べる学習を継続する。対話の場面では，感情的な言い合いではなく，根拠の弱さや主張の妥当性を指摘し合えるように，対話の目的と方法を示す

なぜ行基は，小学校の教科書で取り上げられているのか？

❶ Start　構造化　小学校の学習を生かして抽象的な概念に迫る

　単元を貫く学習課題は「なぜ費用がかかるのに，朝廷によって大きな都が何度もつくられたのか？」です。この単元では小学校の学習を生かします。小学校では，人物の働きや文化遺産を通して歴史の特色を捉えます。具体例を通して抽象的な概念を理解するという点では，中学校と同じです。

　ただし，中学校では**抽象的な概念の解像度を高める**ようにします。人々の工夫や願いに留めずに，政治の仕組みや産業の変化などの抽象的な内容の理解ができるようにします。さらに，他の時代とは異なる特色や，歴史の流れの中での意義について，子どもが自分なりの言葉で表現できるようにします。

❷ 内容　人物の働きの背景に目を向ける

　奈良時代の学習では，行基を取り上げます。小学校では，聖武天皇や鑑真と並んで教科書に大きく取り上げられる人物です。しかし，中学校の教科書だと扱いはさほど大きくありません。

　それは，中学校では行基の社会活動や布教よりも，律令国家の仕組みや税制，国家による仏教の保護などを中心として扱うからです。小学校での既習事項を入り口にして，制度や文化という目に見えない事柄を中心に扱います。

❸ 素材　小学校の教科書と学習指導要領解説を資料に使う

　大仏造営に関する学習では，変わり種の資料として小学校の教科書と学習指導要領解説（社会編）の一部を使います。解説には，聖武天皇と行基の関係や歴史的な意義が端的にまとめられています。「この説明は，どのような事実を根拠としているか？」と問い，人物の歴史的評価について考察します。

「律令国家の形成」教材研究の流れ

🏅 素材

- 小学校6年生の教科書
- 小学校学習指導要領（平成29年告示）解説 社会編
- 東大寺大仏と大仏造立に関する文献資料
- 律令国家に関する文献資料や平城京跡の出土遺物・遺構

📖 内容

- 律令国家の仕組み
- 律令国家の税制と人々の暮らし
- 国家による仏教の保護と布教
- 中国と日本の交流

👤 子どもの実態

- 小学校で扱う内容が十分に定着しているとは限らない。そこで，聖武天皇や行基，鑑真など小学校で既出の人物をテーマにしてブレインストーミングやペアトークを行い，わかることとわからないことを学級内で共有するとよい

🚩 ゴールの姿（資質・能力）

- 律令制度や仏教を東アジアから積極的に取り入れて国家の仕組みを整えたことを理解する
- 東アジアとの交流や政治・文化・宗教の変化などに着目して，人物の行動を社会的な背景に位置付けて考察し，表現する

📋 学習課題（活動内容）

- 小学校の既習事項を確認し，学習した人物の行動の背景について，資料から情報を集めて表現する
- 小学校の教科書や小学校の学習指導要領解説を，中学生の立場から解説する。教科書や学習指導要領の説明の根拠となる事実を提示する

🔍 効果的な見方・考え方　💬 発問

- 因果関係の視点の内，特に背景に着目して，人々の働きの背景にある社会からの要請について考察する

「なぜ費用がかかるのに，朝廷によって大きな都が何度もつくられたのか？」

「なぜ行基は，小学校の教科書で取り上げられているのか？」

「この説明は，どのような事実を根拠としているか？」

🔧 構造化　**Start**

- 小学校で扱うことが例示されている人物（聖徳太子，聖武天皇，行基，鑑真，藤原道長，紫式部，清少納言）の働きをふりかえる
- 小学校の学習の繰り返しを防ぎ，時代の特色を捉えるようにする。そのため，人々の工夫や願いの理解に留めずに，政治の仕組みや産業の変化，文化の特色などの抽象的内容を中心に扱う。また，学習内容に沿って事象の歴史的な意義を判断する機会をつくる

B 近世までの日本とアジア

(1)古代までの日本　古代の文化と東アジアとの関わり

中国の社会の変化は, 日本の文化にどのような影響を与えるのか?

❶ Start　内容　文化史を暗記で終わらせない

　本単元の内容は, 教科書では他の単元に分散して組み込んであるため, 1つの単元として扱わない場合が多いと思います。しかし, 古代における日本と東アジアの中国・朝鮮半島の国々との結び付きは強く, 一体的な文化圏にありました。その国際的な要素を基礎としながら, 平安時代には文化の国風化が進みます。軽視をしてよい内容というわけではありません。

　そこで, 私の場合は古代の最後の単元として3時間の扱いの小単元にします。これまでの学習の成果を生かし, 語句の暗記で終わらないようにします。

❷ 学習課題　古代の各単元の学習成果をオンラインの年表にする

　単元を貫く学習課題は「中国の社会の変化は, 日本の文化にどのような影響を与えるのか?」とします。課題として, オンラインの年表づくりを行います。飛鳥時代から平安時代にかけて, 中国の王朝の変化と日本の政治の変化がわかるように年表をつくります。そして, 日本と中国の直接や間接の関わりを記入します。

　ポイントとして, 前の単元での成果物のリンクを年表内に貼ります。古代の各単元の学習成果を1枚の年表にまとめることができます。さらに, 日本と中国の文化の因果関係に着目して, 新たに考えを論じるようにします。

❸ 効果的な見方・考え方　地理の空間的相互依存作用を活用する

　時期の見方・考え方を働かせると, 年表作成に役立ちます。それに加えて, 異なる地域間の結び付きに着目するので, 地理的な見方・考え方の空間的相互依存作用が効果を発揮します。1年生の世界地理の経験が役立ちます。

「古代の文化と東アジアとの関わり」教材研究の流れ

Start

📖 内容

・古代における日本と東アジアの中国・朝鮮半島の国々との結び付き
・国際情勢の変化による結び付きの変化
・古代日本の文化の国際的な要素と国風化

🎀 素材

・これまでの学習で子ども自身が作成した成果物
・中国の歴史書の日本に関する記述
・遣隋使や遣唐使に関する資料
・日本や中国，朝鮮半島の古代の仏像

🚩 ゴールの姿（資質・能力）

・仏教の伝来や律令制度の導入とその影響を通して，古代の日本の国際的な要素をもった文化や文化の国風化について理解する
・古代を通した日本の特色について，中国との関係から考察して年表に表現する

👤 子どもの実態

・すでに学習した内容については，関心を失っていることがある。そのため，単元間の学習のつながりを意識できていない場合がある
・そこで，子ども自身が以前の単元の学習で作成したものを利用して年表に反映することで，古代という大きな時代の枠組みの中で歴史を捉えるきっかけをつくる

📋 学習課題（活動内容）

・古代の中国の王朝の変化と日本の政治の変化，日本と中国の結び付きがわかるオンラインの年表を作成する。Padletなどのアプリを活用する
・これまで学習した古代の単元での成果物のリンクを年表に貼る

🖥 構造化

・「(1) 古代までの日本」の単元の学習の総まとめとして位置付ける。過去の単元の学習での子どもの成果物を，オンライン年表からアクセスできるようにする
・教科書では単独の単元として扱われてはいない場合が多いが，テーマ史として東アジアの中での日本の歴史について考察し，高校の歴史の学習につなげる

🔍 効果的な見方・考え方　💬 発問

・時期や年代の見方・考え方を働かせる。また，日本と中国の結び付きを考える時には，地理的な見方・考え方の空間的相互依存作用に着目する

「中国の社会の変化は，日本の文化にどのような影響を与えるのか？」
「仏教は，日本でどのように受け入れられたのか？」

準備編
基本デザイン
研究の力点
成果のつなげ方
実践編
地理的分野
歴史的分野
公民的分野

朝廷や貴族から武士へ支配者が代わる流れは, 何段階に分けるべきか?

❶ Start　学習課題　段階を問うことで歴史の流れを考える

　単元を貫く学習課題は「朝廷や貴族から武士へ支配者が代わる流れは, 何段階に分けるべきか?」です。政治史を扱う場合は**段階を問う課題**にすると, 歴史の大まかな流れについて考えるきっかけができます。他の単元では「律令国家へのステップはいくつに分けられるか?」や「日本の近代国家の歩みは, 何段階に分けるとよいか?」などの学習課題が考えられます。

　本単元では, 思考ツールのステップチャートなどを活用しながら, 武家政治が成立して支配を広げる流れを表現します。語句レベルの知識と説明的知識を活用して, 他者が納得するような流れにすることを目指します。

❷ 効果的な見方・考え方　推移の視点で段階の「段」を見つける

　見方・考え方の内, 推移の視点に着目しながら武家政権が成立する段階について考えます。各地の武士の乱や鎌倉幕府の成立, 承久の乱, 蒙古襲来などの歴史的事象の前後で, 社会が変化する様子を捉えて, どのような仕組みができて, 何が変わったのかを表現するように子どもに促します。留意点としては, 発展といえる面だけではなく, 問題にも目を向けます。政治が次の段階に進むことで, 没落した人や取り残された人, 民衆の苦労などへの想像力を働かせつつ, 事実に基づいた考察をします。

❸ 構造化　法教育を取り入れて現代につなげる

　前近代においても, 法が整備されると社会の仕組みが大きく変わります。本単元では, 「御成敗式目がつくられると, 御家人にとってどのような良いことがあったのか?」という問いで, 法の意義について考えます。

「武家政治の成立とユーラシアの交流」教材研究の流れ

📎 素材

- 軍記物や寺社の縁起絵巻などの絵画資料・文字資料
- 鎌倉幕府の守護・地頭の配置図やモンゴル帝国の支配領域の地図

📖 内容

- 武家政治の成立過程と社会の変化
- 武士による政治と貴族の政治の違い
- モンゴル帝国の拡大と元寇（蒙古襲来）の日本への影響

🚩 ゴールの姿（資質・能力）

- 武家政治の成立によって支配が広がったことを、国内の政治情勢の変化に加えて、モンゴル帝国の拡大によるユーラシアの結び付きと関連付けて理解する
- 武士の政治への進出を通して、中世の社会の変化や時代の特色を考察して表現する

👤 子どもの実態

- 北条政子の檄文や蒙古襲来絵詞など、小学校の学習で扱った資料に馴染みはある。そこで、それらの資料を入り口にして、武家政治の特色の考察につなげる
- 御成敗式目などの文字資料の読解が苦手な場合が多い

Start

📋 学習課題（活動内容）

- 単元を通して、武士が支配者となる流れをステップチャートを活用しながら整理する
- 武士の政治への進出、鎌倉幕府の成立、承久の乱、元寇などの歴史的事象が武家政治の支配の広がりに与えた影響について、その大きさや内容を判断して表現する

⏦ 構造化

- 法教育と関連付ける。前近代においても、法が整備されると社会の仕組みが大きく変わることを理解できるようにする。本単元では日本最初の武家法である御成敗式目の意義について扱う
- 中世を「武士の時代」として大観する。そのために、中世の最初の単元として武士の支配の特色を天皇や貴族による政治と比較する
- 歴史の流れを何段階かに分けるパターンの学習課題は、繰り返して設定する

🔍 効果的な見方・考え方　💬 発問

- 推移の視点に着目して、政治や社会の変化から、武家政治の成立について複数の段階に分けて考える

「朝廷や貴族から武士へ支配者が代わる流れは、何段階に分けるべきか？」
「御成敗式目がつくられると、御家人にとってどのような良いことがあったのか？」

> B 近世までの日本とアジア
> (2)中世の日本　武家政治の展開と東アジアの動き

日本海を「内海」と表現するのは，どのような意図があるのだろうか？

❶ Start ▎素材 専門家によるユニークな表現を活用する

　小学生はもちろん，中学生にとっても歴史や地理，経済の専門家の主張を理解するのは，簡単ではありません。しかし，最新の学問の成果や緻密な研究の一端に触れることで，知的好奇心が刺激されます。日々の授業の中で，テストや受験などの知識ではなく，学問の世界に一歩足を踏み入れる経験を保障したいものです。

　そこで，専門家の研究成果から**ユニークな表現を取り上げて，子どもたちの関心や疑問を引き出します。**室町時代のこの単元では，日本海を「内海」と表現する専門家の主張を素材にして，1時間の学習を行います。中世の日本で東アジア世界との密接な関わりが見られた背景や影響について考えます。

❷ ▎子どもの実態 専門家の表現の意図を読み取る

　子どもは専門家のような豊富な知識や研究の蓄積がありません。そのため，研究者と同じ方法で学習をしようとすれば無理が生じます。そこで，歴史学者の「内海世界」という表現を先に示して，表現の意図を読み取るようにします。根拠となる事実は，教科書などから収集できます。

❸ ▎内容 日本史を日本の中に留めない

　単元を貫く学習課題は「室町時代は，鎌倉時代が発展した時代であると言えるか？」です。本時では，東アジア世界との結び付きに目を向けるように「内海世界」を素材とします。本時に限らず，中学校の歴史は日本史が中心ではありますが，現在の日本国内の動きばかりを追わないようにします。広い視野で考察し，アジアの歴史の中に日本を位置付けるように促します。

「武家政治の展開と東アジアの動き」教材研究の流れ

Start

素材

- 中世の日明貿易や琉球，アイヌ民族の交易など，東アジア世界と日本とのつながりに関する資料
- 中世の日本の歴史学者による「日本海は内海」と論じた文章

内容

- 貿易や交流，倭寇などの問題を通した，日本と東アジアや東南アジアとの関連
- 武家政治の特色について，鎌倉時代から継続する点と変化した点

ゴールの姿（資質・能力）

- 南北朝の争乱や室町幕府の成立，遠方との交流や貿易を通して，武家政治の展開や東アジアとの密接な関わりについて理解する
- 専門家の研究を参考にして，時代の特色について考察する

子どもの実態

- 子どもは専門家の知識や研究の蓄積がなく，専門家の追体験をしようとしてもうまくいかない。そこで，歴史学者の研究成果からユニークな表現を選んで取り上げて，その表現の意図を読み取るようにする
- 琉球王国やアイヌ民族について，時代による変化を理解せずに，誤解や偏見をもつ場合がある

学習課題（活動内容）

- 単元全体では，室町時代の武家政治の特色について，鎌倉時代から発展しているか否かを判断する
- 本時では，歴史学者の「日本海は内海」という表現の意図を明らかにして解説する

効果的な見方・考え方　発問

- 推移の中でも歴史的事象の発展に着目するが，発展によって特色が変わったり問題が生じたりしていることを考慮に入れる

「日本海を『内海』と表現するのは，どのような意図があるのだろうか？」
「一般的ではない表現を使うのは，どんな特徴を伝えたいからなのだろうか？」
「室町時代は，鎌倉時代が発展した時代であると言えるか？」

構造化

- 子どもを「小さな歴史学者」と見なして専門的な学びを追体験する機会を年間の学習の中で系統的に組み込む
- 本時のように専門家の見解の意図を読み取る学習の他に，専門家が使うのと同じ資料を分析したり，歴史的事象に対する価値判断を下したりする機会をつくる

「民衆の成長」とあるが，どの面で成長したのか？

❶ Start ┃ **内容** 下剋上と自治を分けてつなげる

　本単元では，下剋上と自治という２つの歴史の概念を扱います。下剋上は武士が政治的・軍事的に上位の立場の者を打倒する風潮を意味します。一方の自治は，都市の商工業者や村落の農民たちが共同して組織をつくり，共同体の運営にあたったことを意味します。

　下剋上と自治は，担い手や所属する集団，内容など多くの点で違いがあります。しかし，下位の立場の人々が力をもった点や，中世の権威や仕組みがゆらぐ点は共通します。下剋上と自治の違いを理解した上で共通点を見出すことで，中世から近世へ時代が推移する時代の特色を明らかにします。

❷ ┃ **学習課題** 比べる活動を行って成果を図解で表現する

　単元を貫く学習課題は「戦が絶えない時代に，なぜ産業が発展したのか？」です。民衆の自治の学習では，村落と都市の自治を比較して相違点と共通点を明らかにします。考察の成果として，民衆の成長が社会に与えた影響を<u>図解で表現</u>します。ICT を活用すると，表現の幅が広がります。中世は武士や民衆が成長した時代であることを理解できるようにします。

❸ ┃ **効果的な見方・考え方** 比較の対象・要素・時期に着目する

　比較の視点に着目します。比較については，「何を比べるか」という対象の他，「対象についてどこを比べるか」という比較の要素，さらに「いつの対象と比べるか」という比較の時期を考慮します。単に「守護大名と戦国大名を比べよう」で終わるのではなく，「どこに注目したの？」「武田信玄のいつの政治を比較したの？」などの問い返しで見方・考え方の精度を上げます。

「民衆の成長と新たな文化の形成」教材研究の流れ

🥕 素材

- 応仁の乱に関する文字資料と絵巻物
- 土一揆・国一揆・一向一揆に関する資料
- 戦国大名の分布図や主な政策，分国法
- 書院造・茶の湯・生け花など現代につながる文化

📖 内容 **Start**

- 応仁の乱とその後の社会的な変動
- 下剋上の風潮の広がりと戦国大名の成長
- 民衆の成長と町や村の自治の広がり
- 現代につながる多様な文化や風習

🚩 ゴールの姿（資質・能力）

- 民衆の成長を背景とした社会や文化が生まれたことを通して，中世の特色を理解する
- 現代の社会や文化につながる要素を見出しながら，社会の変動をきっかけとした民衆の成長が社会に与える影響について考察する

👤 子どもの実態

- ジャンルを問わず，戦国時代を題材にした作品は多い。その影響で，史実とフィクションを混同したり，歴史上の人物に対して一面的な評価をしたりすることがある
- 人物像への先入観に左右されないように，著名な人物中心の学習になることを避ける。また，名もない民衆の動きや社会の変化に目を向ける

🗒 学習課題（活動内容）

- 単元を通して，比較する活動を繰り返して行う。本時では都市や農村の自治を取り上げて，惣による村の自治と，町衆などによる都市の自治を比較する
- 民衆の成長が社会に与えた影響を図解で表現する。図解については，重要語句を使用しながら中世の特色を端的に説明するという条件に沿って表現する

🔍 効果的な見方・考え方 💬 発問

- 比較の対象・要素・時期に着目しながら，室町時代の畿内を中心とした自治について多面的・多角的に考察する

「『民衆の成長』とあるが，どの面で成長したのか？」
「戦が絶えない時代に，なぜ産業が発展したのか？」
「どの面を比べると，特徴が見えてくるだろうか？」

🔡 構造化

- 社会的な変動の大きな時代を扱うため，変化の前後を対象にして比較することで子どもが歴史的特色を理解できるようにする
- 前の2つの単元（鎌倉時代，室町時代前半）と組み合わせて，中世という時代を大観する。その際には，武士や民衆の成長が社会に与えた影響を理解できるようにする

B 近世までの日本とアジア

(3)近世の日本 世界の動きと統一事業

ヨーロッパ人の来航は，過去の外国人との接触とは何が違うのか？

❶ Start｜ 発問 発問の細かな表現に意図を込める

　発問の「何が違うのか？」という表現には，子どもに思考を促す意図があります。「どのような違いがあるか？」という表現に比べると，子どもは短いキーワードで答えようとする意識が強くなります。そのキーワードを入り口にして，説明する場面をつくります。そうすることで，ヨーロッパ人の来航が社会に与えた影響について多面的・多角的に考察できるようにします。同じようなことを尋ねる場合でも，設定した活動内容や意図する思考の方向性に応じて，発問の一字一句までこだわりましょう。

❷ 活動内容 キーワードを広げて深掘りする

　学習活動として，上記の発問に対して個人思考の場面をつくります。その後は「ICTで一覧にする→各自でクラスメートの意見を読む→気になるキーワードを小グループで対話する」という流れにします。対話では共通点や類似点，相違点，ユニークな少数意見などを取り上げます。学習の最後には，あらためてキーワードを使ってヨーロッパ人の来航の歴史的意義をまとめます。キーワードづくりは，子どもが大事なことは何かを実感できる手法です。

❸ 効果的な見方・考え方 近世における世界の一体化に着目する

　本単元は，時代区分の見方・考え方が効果的です。ヨーロッパを中心とした大航海時代や宗教改革と歩調を合わせるように，日本は近世という時代を迎えます。教科書によっては「世界が一体化する」という表現があります。現代におけるグローバル化との差異を明確にしつつ，遠く離れた国と直接交流が始まった影響について考察して，時代観を磨いて近世の特色を捉えます。

「世界の動きと統一事業」教材研究の流れ

🥕 素材

- 宣教師の記録
- 漫画や映画における信長・秀吉・家康の扱われ方がわかる映像・画像
- 統一事業に関する資料
- 南蛮文化，桃山文化，庶民の生活に関わる資料

📖 内容

- 新航路の開拓とアジアの交易，宗教改革
- 織田・豊臣による統一事業の影響
- ヨーロッパの影響を受けた文化や生活に根差した文化，武士や豪商の気風を反映した文化

🚩 ゴールの姿（資質・能力）

- 交易の広がりと影響や，統一政権の政策の目的と影響から，世界の動きと統一事業に関する知識を身に付ける
- 古代や中世との対外関係の比較から，近世の時代の特色を考察して自分なりに端的に表現する

👤 子どもの実態

- ザビエルがキリスト教を布教に来たことは知っていても，どのような背景でアジアを布教の対象にしたか，ということをわかってはいない
- 織田信長と豊臣秀吉については小学校で時間をかけて学習することが多く，繰り返しにならないように留意する。中世の複雑な権利関係や中世的権威の否定を中心に扱う

📋 学習課題（活動内容）

- 単元の学習を通して，織田信長・豊臣秀吉の2名と，子どもが選択した2名の計4名の人物を取り上げて，歴史的評価をキャッチコピーで表現する
- 本時ではヨーロッパの人々が日本へ来航した影響について，キーワードで表現する

🏢 構造化

- カトリックとプロテスタントの関係については，地理のヨーロッパ州の学習を生かす。地域によって主な宗派が異なることを確認する
- ポルトガルやスペインの果たした役割については，地理の南アメリカ州の学習を生かす。新航路の開拓や宗教改革が植民地の拡大につながる
- 小学校でのザビエルや織田・豊臣の学習と違いをつくる

🔍 効果的な見方・考え方 💬 発問 **Start**

- 時代区分の視点に着目し，古代や中世と比べて世界が一体化する傾向が強まったことの影響について多面的・多角的に考察する

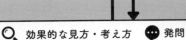
「ヨーロッパ人の来航は，過去の外国人との接触とは何が違うのか？」
「世界が一体化するとは，どういう意味か？」

準備編
基本デザイン
研究の力点
成果のつなげ方
実践編
地理的分野
歴史的分野
公民的分野

B 近世までの日本とアジア

(3)近世の日本　江戸幕府の成立と対外関係

「鎖国」という表現には，どのような問題があるか？

❶ **Start** ▶ ゴールの姿（資質・能力）　**裏ゴールとして歴史観を捉える**

　単元を貫く学習課題は「同じく武士が政治をする世の中でも，中世と近世は何が違うのか？」です。近世の時代の特色を理解することをゴールとします。これは学習指導要領に沿ったゴールですが，私はもう1つの「裏ゴール」を用意します。それは，歴史観の影響の自覚です。

　「鎖国」は日本で歴史を学んだ人の間では広く認知される語句です。しかし，「鎖」という文字を使った極端な表現は，江戸幕府の対外政策の実態とずれています。そこで，「『鎖国』という表現には，どのような問題があるか？」という問いをもって，有名な語句の裏にある歴史観に光を当てます。

❷ 子どもの実態　**鎖国のイメージの悪影響に目を向ける**

　鎖国のイメージが浸透したことで，日本人の閉鎖的な心性を批判する時に利用されたり，海外の変化に取り残されることへの卑下につながったりします。逆に，独自の発展を遂げたという自尊心を生むこともあります。

　しかし，どれもイメージに沿って歴史を都合よく解釈しているという問題があります。子どもたちが自分にとって心地よい意見に流れることを防ぐため，事実に沿った論証を進めます。

❸ 活動内容　**鎖国というイメージを覆す事実を提示する**

　本時の導入では，「鎖」という文字が与える極端なイメージをイラストで表現します。生成 AI で画像を作成する方法もあります。その上で，他地域との交易や交流の多様さや，幕府がすべてを管理したわけではなかったことなどの事実を通して，「鎖国」という表現の問題点を明らかにします。

「江戸幕府の成立と対外関係」教材研究の流れ

🧤 素材

- 大名統制に関する法令，大名配置図
- 江戸幕府の対外政策の変容に関する年表や法令，対外関係を示した地図，交易品
- 志筑忠雄『鎖国論』や現代の研修者の鎖国に関する論考の抜粋

📖 内容

- 江戸幕府の大名統制の意図と影響，幕藩体制
- 身分制による支配と，大多数を占める農民の生活や産業
- 幕府の対外政策と交易や交流の対外関係
- 江戸時代のアイヌの人々の文化

🚩 ゴールの姿（資質・能力） **Start**

- 江戸幕府と藩による支配が確立する過程や支配の状況について理解する
- 近世の歴史が現代の人々の歴史認識に与えている影響や，中世と近世の比較を通して，近世の時代の特色を多面的・多角的に考察する

👤 子どもの実態

- 鎖国のイメージが浸透し，「島国だから他の地域と結び付きが弱い」という素朴な印象をもっていることがある。逆に「他国との関わりが薄いから独自の発展を遂げた」と考える場合もある
- 事実を確認せずに，現代的な価値観に沿って己の印象に合った意見に流されることがある。そのため，対話型論証モデルや思考ツールなどの論理的に考察するための枠組みを活用する

📋 学習課題（活動内容）

- 単元を通して，江戸幕府が安定した支配を意図して行った政策を分析してまとめる
- 江戸幕府の対外関係の学習では，鎖国を取り上げて「鎖」のイメージイラストで表現する。資料を根拠にして，鎖国という表現の問題点を指摘する

🔍 効果的な見方・考え方　💬 発問

- 比較の視点に着目し，江戸幕府の政策や江戸時代の社会の特色について多面的・多角的に考察する

「『鎖国』という表現にはどのような問題があるか？」
「同じく武士が政治をする世の中でも，中世と近世は何が違うのか？」
「江戸幕府が安定して続くように，どのような法や制度を整えているか？」

🗂 構造化

- 「同じく〜な時代でも，AとBは何が違うのか？」という形の問いは，奈良時代と平安時代や，鎌倉時代と室町時代など，他の時代でも使いやすい。ただし，時代の特色を捉えるためには，比較する要素を具体化して，考察の方向性を明示する

「江戸時代は平和でエコだから，現代人が学ぶべきだ」という意見は，正しいのか？

❶ Start　素材　現代の枠組みで歴史を見る危険性に焦点を当てる

　単元を貫く学習課題は「『江戸時代は平和でエコだから，現代人が学ぶべきだ』という意見は，正しいのか？」です。平和については，大きな戦乱はなくても，搾取されていた百姓にとっては平和ではなかったとも言えます。

　また，エコについては江戸に資源の循環を行う仕組みがあり，物の再利用が産業や生活文化として根差していたという事実はあります。ただし，現代的なリサイクルやエコロジーと同じ枠組みで安易に捉えるのは危険です。歴史の一面を都合よく解釈する危険性に，対話を通して気付くようにします。

❷ 活動内容　学習課題を分割して追究する

　「この学習課題を分けるとしたら，何個に分けて考えればよいだろうか？」と見通しを問います。子どもは「平和」と「エコ」を分けたり，「学ぶべき」という価値判断の是非は事実の検証の後で行うように計画を立てたりします。

　また，単元の導入では言葉に注目して問いをつくります。子どもたちからは「戦のない江戸時代の武士は，武士と言えるのか？」や「強い大名を外様と呼んで，反発は起きなかったのか？」などの問いが出ました。

❸ ゴールの姿（資質・能力）　立ち止まって批判的に考える習慣をつける

　本単元では「平和」や「エコ」という肯定的な表現について，「本当にそうだろうか？」と疑問をもって検証を図ります。子どもが響きのよい言葉に出合った時，安易に流されずに少し立ち止まって考える機会を保障しましょう。そうすると，主張を結果的に受け入れたとしても，自分の頭で考える習慣が身に付きます。それは，批判的思考力の育成につながります。

「産業の発達と町人文化」教材研究の流れ

素材
Start
- 江戸の都市におけるリサイクルの仕組みを評価するウェブサイトや昔の教科書
- 肥料を活用した農業に関する資料
- 職人の技術や商人の販売網に関する資料
- 町人文化を描いた作品

内容
- 都市を中心とした経済の形成と町人文化
- 産業の発達と交通の整備
- 教育への関心の高まりと教育機関の整備
- 衣食住や年中行事，祭礼の現代への影響
- 江戸時代の歴史的事象に対する現代の言説

ゴールの姿（資質・能力）
- 江戸時代の生活や文化について，産業や交通の発展や江戸幕府の政策と関連付けて理解する
- 江戸時代の産業や文化に対する歴史的評価について，批判的思考を取り入れながら多面的・多角的に考察し，価値判断を行う

子どもの実態
- 現代の価値観で歴史的事象を判断する危険性を理屈ではわかっていても，「平和」や「エコ」といった肯定的な評価に疑問を挟むことを嫌がったり，流されて賛同したりする場合がある
- 実際は専門家の間でも見解が分かれるようなテーマでも，「専門家が言っている」というだけで受け入れてしまう傾向がある

学習課題（活動内容）
- 江戸時代について「平和」「エコ」といった評価の妥当性を検証するために，資料から事実を集める
- 「江戸時代に学ぶべき」という主張に賛同または批判を加える
- 考察した内容をGoogleサイトでブログ風にまとめる

効果的な見方・考え方　　発問
- 産業や交通の発達と文化や暮らしの因果関係に着目して，多面的・多角的に考察する。また，歴史認識が事実の解釈に与える影響を考慮する

「『江戸時代は平和でエコだから，現代人が学ぶべきだ』という意見は，正しいのか？」
「この学習課題を分けるとしたら，何個に分けて考えればよいだろうか？」

構造化
- 1つ前の「江戸幕府の成立と対外関係」と同じ単元に組み込む方法もある。その場合は，参勤交代の誤解（経済的負担を意図したという誤解）や鎖国のイメージと合わせて，歴史の先入観をテーマにする

準備編
基本デザイン
研究の力点
成果のつなげ方
実践編
地理的分野
歴史的分野
公民的分野

安定する工夫をしたはずの幕府の政治が，なぜ行き詰まりを見せたのか？

❶ Start ▎活動内容 **項目を設定して政策に通信簿を作る**

　単元を貫く学習課題は「安定する工夫をしたはずの幕府の政治が，なぜ行き詰まりを見せたのか？」です。活動内容として，享保の改革・田沼の政治・寛政の改革に対する通信簿を作る方法で評価します。評価項目は「財政難への対応」を必ず設定しますが，他の項目は子どもが判断して決めます。通信簿の評価は，項目ごとにＡ・Ｂ・Ｃを付けて，総合所見として各改革を文章で評価します。

❷ ▎ゴールの姿（資質・能力） **活動ありきでもよい**

　本単元は「通信簿を作る」という活動から単元のデザインを始めました。「活動ありきではないか？」という批判があるかもしれません。しかし，教材研究の出発点はどこからでも構いません。大切なのは，ゴールの姿と関連付けて意味のある学びにすることや，単元内や他の単元と構造化して一貫性をもたせることです。本単元であれば，貨幣経済の浸透や自然災害の影響によって都市や農村が変化し，財政難に陥った幕府や各藩が対応を迫られたことなど，学習指導要領の目標及び内容と，学習活動を関連付けます。

❸ ▎構造化 **個別の政策だけではなく社会に目を向ける**

　３つの政治改革を評価する際に，農村の変化や化政文化の内容と関連付けるようにします。為政者の政策だけを評価するのではなく，政策の影響を受ける側の人々に目を向けて，政治と社会の関係を理解できるようにします。

　また，価値判断を含む問いを扱う時は，現代の価値観に引きずられないようにします。一次資料を論拠にして，時代状況の制約を考慮しましょう。

「幕府の政治の展開」教材研究の流れ

✂ 素材
- 幕政改革における諸政策の概要をまとめた資料
- 幕政改革の影響や当時の評価，歴史的評価に関する資料
- 百姓一揆や打ちこわしに関する資料

📖 内容
- 農村への貨幣経済の浸透による社会の変化
- 自然災害の被害と経済的な影響
- 欧米諸国の接近と幕府の対外政策
- 幕府の政治改革の結果と影響
- 新しい学問や思想の動きと政治への影響

🚩 ゴールの姿（資質・能力）
- 農村への貨幣経済の浸透や自然災害の影響などによって社会が変化し，財政難に陥った幕府や各藩が対応を迫られたことを理解する
- 近世の社会の構造が変化したことについて，資料から情報を読み取りながら多面的・多角的に考察する

👤 子どもの実態
- 政策を評価する時には，子どもたちはその後の歴史を知っている立場から，現代的な価値観に沿って判断するのが基本である
- 公正な評価を下すために，一次資料を論拠にして，時代背景の理解の精度を上げながら価値判断を下すようにする

Start

📋 学習課題（活動内容）
- 幕府の政治改革と社会の変化の因果関係を図解で表現する
- 享保の改革・田沼の政治・寛政の改革に対する通信簿を作る。項目ごとにA・B・Cで評価し，総合所見として各改革を文章で評価する

🏛 構造化
- 政治や為政者を評価する時に，個別の政策だけに注目すると，政治面に偏った理解に陥ってしまう。そのため，経済・文化・社会などの面に着目して，単元を通して多面的・多角的に考察する
- 近世の歴史を大観するために，近世社会の特色である農村を基盤とした仕組みが，ほころびを見せたり変質したりしたことに着目して，時代の推移を捉えるようにする

🔍 効果的な見方・考え方　💬 発問
- 因果関係の視点に着目し，幕府の諸政策の背景と結果について，多面的・多角的に考察する

「安定する工夫をしたはずの幕府の政治が，なぜ行き詰まりを見せたのか？」
「江戸幕府の改革に通信簿を作るとしたら，どのような項目を設けると的確に評価できるだろうか？」
「近世の歴史を評価する時，何に気を付けるべきか？」

人権は，どのような人の権利を 守るために広がったのか？

❶ Start ▌ 構造化　人権や話し合いの意義を歴史から考える

　単元を貫く学習課題は「人権は，どのような人の権利を守るために広がったのか？」です。公民的分野との関連付けによる構造化を図ります。ただし，人権の単元だけではなく，公正の視点や社会福祉と関連付けます。そのため，「産業革命は，誰を幸せにしたか？」や「市民革命は，誰を幸せにしたか？」という問いを追究します。また，権利の保障や民主的な話し合いが政治の場で実現した経緯を理解することで，特別活動における話し合い活動の意義を実感できるようにします。教科内だけではなく，教科を越えて構造化します。

❷ ▌ 発問　問いの質を変える

　幸せは，個人の価値観に左右されるテーマです。道徳ではなく歴史の学習で扱うために，幸せとなる社会的な条件を設定し，その条件に沿って歴史的事象を判断します。「どのような条件があれば，幸せと感じるか？」や「条件に照らし合わせると，資本家は幸せだと判断できるか？」など，段階を踏んで問います。また，「労働者は幸せか？」と対象を変えると，多面的・多角的に考察できます。単元の終盤では，「より多くの人が幸せを感じる社会制度や法とは，どのようなものか？」という高次の問いにつなげます。

❸ ▌ 素材　資料を用意して単元の目標からの逸脱を防ぐ

　幸せについて対話をしていると，次第に歴史を離れた意見が増える傾向があります。歴史を通して現代の社会について考えることは大切ですが，単元の目標から逸脱しないようにします。そのため，「幸せかどうか」を判断する論拠となる事実を，資料から読み取ることを徹底しましょう。

「欧米における近代社会の成立とアジア諸国の動き」教材研究の流れ

🥾 素材
- 市民革命やアジア進出に関する資料
- 「幸せ」を判断する論拠となる、ヨーロッパの生活環境や労働環境に関する資料（平均寿命や労働時間、賃金、都市の衛生環境の統計や、文学作品における描写など）

📖 内容
- イギリス・アメリカ・フランスの市民革命
- 人権思想の普及と法の整備
- イギリスの産業革命
- 産業革命の欧米への波及と経済の変化
- ヨーロッパの海外進出と植民地支配

🚩 ゴールの姿（資質・能力）
- 欧米諸国が近代社会を成立させてアジアへ進出したことと、アジア進出の影響を理解する
- 産業革命や市民革命の学習については、人権思想の発達や広がりと革命の因果関係に着目する。近代の特色について考察しながら、現代の政治や社会への影響についても考察し、表現する

👤 子どもの実態
- 「幸せ」という価値判断を含む問いは、どんな意見も等価値であると考える場合がある。また、現代の価値観で歴史を評価しがちである。そこで、幸せの条件を設定し、条件と歴史的な事実を照らし合わせる
- 現在と近代を比べがちだが、近世と近代を比較することで近代における変化の価値に気付くようにする

📋 学習課題（活動内容）
- 単元を通して、革命や対外関係の変化によって、政治・産業・労働・生活・宗教などの面から人々が「幸せ」になったかどうかを判断して表現する
- 人権思想の発展が社会に与えた影響について、成果と課題を明確にして論述する

🔍 効果的な見方・考え方　💬 発問
- 「誰」という表現を使って問うことで、身分や立場の違いに着目しながら、社会的事象の影響を多面的・多角的に考察する

「人権は、どんな人の権利を守るために広がったか？」
「産業革命（市民革命）は、誰を幸せにしたか？」
「より多くの人が幸せを感じる社会制度や法とは、どのようなものか？」

📊 構造化　**Start**
- 公民的分野の人権の単元に加え、社会福祉の内容と関連付ける。また、効率と公正の見方・考え方と関連付ける。政治的な対立や社会の混乱の中で生じた犠牲に着目する
- 特別活動と関連付ける。具体的には、議会の制度が成立する歴史の理解を通して、学級や生徒会で話し合いを行う意義を実感できるようにする

C 近現代の日本と世界

(1)近代の日本と世界　明治維新と近代国家の形成

明治維新は,現代の日本に どのような影響を与えているのか?

❶ Start｜ 内容 語句レベルの知識を活用して概念を理解する

　近代の学習では,近世までと比べて語句レベルの知識が増加します。教科書1ページ当たりの重要語句が増していくだけではなく,年表や法令など押さえておきたい語句が増えます。そこで,語句レベルの知識を組み合わせて近代の国民国家という概念を獲得し,近代の特色を捉えることをゴールにして学習をデザインします。

❷ 子どもの実態 暗記ではなく活用によって覚える

　語句レベルの知識が多くなると,子どもたちは「覚えるのが大変…」と感じます。知識の習得には,知識を使うことが一番の近道です。活動内容で,明治維新に関する語句を幅広くかつ繰り返し活用する場面を設定します。また,明治以降の歴史は,現代の日本の社会の在り方とつながる内容が増えてきます。そこで,単元の導入で「明治維新は,現代の日本にどのような影響を与えているのか?」という問いについて考え,ふりかえりで再考します。過去を学ぶことで現代の社会がわかるという経験を積む機会をつくります。

❸ 学習課題（活動内容） 歴史を点ではなく段階やベクトルで表現する

　単元を貫く学習課題は「日本はいつの時点で近代国家になったといえるか?」です。この課題だけだと,近代国家になった「点」について考えることになるため,子どもの意見はバラバラになります。そこで,「近代国家へ変化する状況は,いくつかの段階に分けて階段状に表現しよう」や「近代国家へ変化する状況を,法・財政・軍事・産業などいくつかの面に分けて,矢印で変化の方向と内容（ベクトル）を表現しよう」という活動内容にします。

「明治維新と近代国家の形成」教材研究の流れ

Start

素材

- 明治政府の諸政策に関する法令
- 文明開化に関する絵画や写真資料
- 官営模範工場やお雇い外国人に関する資料
- 琉球の問題や北海道の開拓についての一次資料と，それらをテーマにした漫画や映画

内容

- 開国の経緯と影響
- 明治政府の諸政策の影響
- 領土の画定と領土問題
- 近代国家の定義と明治時代の日本の特色
- 文明開化と「国民」という意識の創出

ゴールの姿（資質・能力）

- 明治維新によって近代国家の基礎がつくられ，人々の生活が近代的に変化したことを理解する
- 近世から近代への時代が移り変わる状況について，開国，明治政府の法令，富国強兵と殖産興業政策，文明開化，領土の画定等などの面を通して考察し，表現する

子どもの実態

- 語句レベルの知識が多くなることに対して，暗記で対応しようとする
- 社会的事象の仕組みや因果関係を問うと，考察の際に語句レベルの知識を活用せずに，「教科書に答えが載っていないか」と探すことがある
- 知識を活用することで習得できる活動内容にする

学習課題（活動内容）

- 日本の近代国家への歩みについて語句レベルの知識を使って，階段や矢印（ベクトル）で表現する
- 税制や領土問題などの具体的な歴史的事象を通して，近代の歴史と現代の政治の関連を見つける

効果的な見方・考え方　発問

- 関連の見方・考え方を働かせながら，日本が近代国家へ変化する様子について，法や財政，軍事，産業，文化などの面に分けて考えたり，それぞれの面の関連性に着目して，多面的・多角的に考察する

「明治維新は，現代の日本にどのような影響を与えているのか？」
「日本はいつの時点で近代国家になったといえるか？」

構造化

- 歴史の推移を何段階かに分けて表現する方法は「武家政治の成立とユーラシアの交流」の単元などで扱う。対象を変えて同様の活動を繰り返すことで，見方・考え方を鍛える
- 近代の最初の単元として，国民国家が成立する意義や生活への影響などの理解を促す

準備編
基本デザイン
研究の力点
成果のつなげ方
実践編
地理的分野
歴史的分野
公民的分野

C 近現代の日本と世界

⑴近代の日本と世界　議会政治の始まりと国際社会のかかわり

日本の近代化は, 天皇のために行ったのか?

❶ Start ▶ 活動内容　脚本をつくってロールプレイをする

　単元を貫く学習課題は「近代の国際関係の変化に, 国民の生活はどのような影響を受けたか?」です。「転生したら明治時代の市民だった件」という劇の脚本を作成する活動を行います。高校生になって, 文化祭で劇をつくるという設定です。まとめでは, 脚本に沿ってロールプレイを行います。

　世の中には, 歴史をテーマにしたドラマや漫画が数多くありますが, 虚実ないまぜの状態です。そこで, 事実・解釈・創作の3つを分けて脚本を書く経験を通して, 歴史をテーマとする作品の内容をうのみにせず, 客観的に捉える資質・能力を養います。

❷ 素材　時代考証に必要な資料を収集する

　一次資料を使うと事実と創作の区別をつけやすくなりますが, 読解が難しい面があります。そこで, 一次資料に風刺画や新聞の見出しを使って脚本に利用します。また, 時代考証がされた作品と, 時代にそぐわない表現がある作品の実例を提示して, 「どこに問題があるか?」や「この場面は, どのような史実を例にしているか?」と問います。

❸ 子どもの実態　脚本の中に問いかけるセリフを入れる

　脚本は一から書くと大変なので, 今後は生成AIの活用が考えられます。私の実践時には, テーマや場面など大枠を設定し, 子どもが一部のセリフやト書き(動きの説明)を考えるようにしました。また, 聴衆に呼びかける想定で, 問いの形のセリフを入れるようにします。子どもは「日本の近代化は, 天皇のためなのか?」「誰がこの世の主役なのか?」などの問いが出ました。

「議会政治の始まりと国際社会のかかわり」教材研究の流れ

準備編
基本デザイン
研究の力点
成果のつなげ方
実践編
地理的分野
歴史的分野
公民的分野

🎣 素材

- 明治時代をテーマにしたドラマや漫画，映画，ゲームの中での自由民権運動や日清戦争・日露戦争，条約改正に関わる場面
- 自由民権運動や大日本帝国憲法，日清戦争・日露戦争，条約改正の風刺画

📖 内容

- 自由民権運動の影響と大日本帝国憲法の制定による立憲制国家の成立，国民生活の変化
- 日清戦争と日露戦争，条約改正による日本の国際的地位の変化
- 天皇の法的な位置付けと権限

🚩 ゴールの姿（資質・能力）

- アジア初の立憲制の国家が成立して議会政治が始まるとともに，日本の国際的な地位が向上したことを理解する
- 日本の近代の特色について，国内の法の整備や国際関係の変化を通して考察し，表現する

👤 子どもの実態

- 歴史をテーマにした作品に対して，事実と事実から導き出される解釈と事実に基づかない創作の区別はついていないことがある
- 歴史学者のような知識があるわけではないため，時代考証や事実の確認は独力では難しい
- 小学校の学習で，風刺画を見慣れていることがある

Start

📋 学習課題（活動内容）

- 「転生したら明治時代の市民だった件」という劇の脚本を作成する。時代考証に沿って，セリフや動きを教科書のページごとに割り当てて執筆する
- 作成した脚本を基に，ロールプレイを行う
- 脚本には代表的な風刺画を解釈する場面を入れる

🔧 構造化

- 脚本を書くという作業を通して，現代の生活や政治とのつながりに気付くきっかけをつくる
- 風刺画を解釈する活動を取り入れることで，小学校の学習と連携を図る。小学校の教科書には，風刺画の場面にセリフを入れるものがある。その経験を一歩進めて，劇の場面を想定して脚本を執筆する

🔍 効果的な見方・考え方　💬 発問

- 関連の視点に着目し，憲法の制定や戦争，増税などの社会の大きな変化が国民生活に与える影響について多面的・多角的に考察する

「近代の国際関係の変化に，国民の生活はどのような影響を受けたか？」
「近代の天皇は，古代の天皇と何が変わったのか？」
「日本の近代化は，天皇のために行ったのか？」

近代化とは，欧米化のことなのか？

❶ Start ▶ 素材 注目のニュースを素材にする

　2024年に新紙幣が発行予定であることを生かして，教材化をします。新紙幣のモデルはいずれも近代の日本で活躍した人物です。紙幣という身近で子どもが興味をもちやすい話題と，教科書の内容を関連付けます。

❷ 活動内容 雑誌風の作品を共同編集で作成する

　本単元では，雑誌風に近代の産業と文化を特集した作品をつくります。表紙は渋沢栄一・津田梅子・北里柴三郎から1人を選びます。近代の産業や文化，教育などの発展に与えた影響を表紙に文字で入れます。また，紙面構成を考えて目次をつくり，表紙と各ページの原稿をグループで実際につくります。Canva や Google スライドで共同編集をすると，作業が容易です。1人で作成する場合は，表紙と巻頭ページだけにするとよいでしょう。

　また，そのページの中に「近代化」と「国民」の語句の説明コーナーをつくります。小学生にも伝わるように，平易な表現で説明文を書きます。

❸ 効果的な見方・考え方 変化と継続の両面に着目する

　単元を貫く学習課題は「近代化とは，欧米化のことなのか？」です。日本の近代文化が欧米文化の模倣に留まらずに，伝統的な文化の上に欧米文化を受容していることを理解できるようにします。

　産業についても，養蚕農家と製糸業の関係や，製鉄業を支えた鉄道や鉱山，港湾の結び付きなど，日本における産業革命の特色を見出します。そのために，見方・考え方については推移の視点を働かせて，変化した面だけではなく，近世から継続する要素に着目します。

「近代産業の発展と近代文化の形成」教材研究の流れ

Start

素材

- 2024年に発行予定の新紙幣と，デザインされる3名に関する資料
- 主な産業や生産額の変化などの統計
- 公害や労働問題に関する当時の新聞記事
- 現存する産業遺産や近代文化の資料

内容

- 日本の産業革命と労働問題，社会問題
- 学問や教育，科学，芸術の発展による産業の発展と近代文化の形成
- 近代化に貢献した人物の業績
- 生活の近代化や資本主義経済の浸透

ゴールの姿（資質・能力）

- 時代による語句の変化を通して，近代化に伴う人々の意識の変化や，社会で求められる役割の変化を理解する
- 日本の近代文化が欧米文化の模倣に留まらずに，伝統的な文化の上に欧米文化を受容していることを理解できるようにする

子どもの実態

- 紙幣に対しては生活と密接に関わるので興味は強いが，デザインされた人物のことは詳しくない場合が多い。特に渋沢栄一は資本主義経済の基礎を固めることに大きく貢献した人物であるが，子どもの認知度は高くない
- 雑誌を読む習慣のある子どもは意外と少ないため，要点を雑誌風にまとめる時には，例示をした方がよい

学習課題（活動内容）

- 近代の産業と文化を特集した雑誌風の作品づくりを行う。グループで「編集会議」を開きながら紙面構成や内容を考えて，Canvaで共同編集する
- 雑誌風の作品の中で「近代化」や「国民」など，近代の概念を平易に表現する説明コーナーをつくる

構造化

- 学習指導要領では「国民生活」という語句が初めて登場する。政治や社会の変化によって「国民」という概念が定着したことを理解できるようにする
- 近代文化の理解の際に，欧米化と安易に捉えないように，近世までの学習内容を生かして考察する

効果的な見方・考え方　発問

- 推移の見方・考え方を働かせて，変化した面だけではなく，近世から継続する面に着目して多面的・多角的に考察する

「近代化とは，欧米化のことなのか？」
「なぜこの3人が紙幣に選ばれたのだろうか？」
「雑誌の表紙に載せるために，近代の産業や文化の特色を端的に表すには，どのような表現が適切か？」

「私たちの生きている世界自体が第一次世界大戦の産物である」とは,どういう意味か?

❶ Start　子どもの実態　戦争を知らないからこそ記録を活用する

　単元を貫く学習課題は,「『私たちの生きている世界自体が第一次世界大戦の産物である』とは, どういう意味か?」です。NHK の「新・映像の世紀　第Ⅰ集　百年の悲劇はここから始まった」のナレーションの一節を引用したものです。「世界大戦」と呼ばれる意味を解釈する活動を通して, 社会へ与えた影響の大きさや, 現代とのつながりを理解できるようにします。

　子どもたちはもちろん, 私たち教師も戦争を知らない世代です。第一次世界大戦は, その後の国際社会の在り方の転換点となりました。それを実感する手段として, 当時の人々の記録を活用し, 歴史的な特色を見出します。

❷ 活動内容　対話によって想像力を磨く

　各時間の学習の中で, 現代への影響について対話で考えを深める場面を設定します。例えば, 国際連盟と国際連合のつながりは, 容易に気付きます。しかし,「毒ガス」の場合は後遺症や違法な兵器, 科学技術の軍事転用など様々な問題につながるので, 個人思考では限界があります。教師がヒントを提示して, 子どもが対話で新しい視点を得るきっかけをつくりましょう。

❸ 素材　メディアリテラシーを磨く

　20世紀の内容に入ると, 映像や写真を資料に活用しやすくなります。しかし, 今のように誰もが簡単に動画を撮ることができる時代ではありません。「なぜこの場面が映像に残っているのか?」や「この写真から感じる気持ちは, 撮影者の意図に誘発されたものではないか?」など, 記録を残した人の意図に目を向けましょう。ファクトチェックを含めた資料批判が必要です。

「第一次世界大戦前後の国際情勢と大衆の出現」教材研究の流れ

📿 素材
- 第一次世界大戦に関する映像や写真
- 上記の映像や写真を分析した論考
- 第一次世界大戦で動員された人・物・お金に関する統計
- 大正デモクラシーに関する資料

📖 内容
- 第一次世界大戦の背景と経過，結果
- 世界の民族運動の高まりと国際協調
- 第一次世界大戦による社会の変動や新たな問題と現代のつながり
- 大正デモクラシーと大衆文化の広がり

🚩 ゴールの姿（資質・能力）
- 第一次世界大戦前後の国際情勢や日本の動きや，大戦後に国際平和を目指す新たな枠組みづくりがあったことを理解する
- 第一次世界大戦や民族運動を巡る国内外のつながりに加えて，第一次世界大戦によって国際秩序が大きく揺らいだことの現代への影響を考察する

👤 子どもの実態
- 「戦争はいけない」という考えをもっていても，戦争を遠い時代や遠い場所の事象として捉える傾向がある。そのため，当時の人々の記録を活用して想像力を働かせる機会をつくる
- 国際情勢と国内の情勢の結び付きを捉えるには，空間的な視点が必要だが，苦手意識をもつ子どもには，地図を活用して支援をする

📋 学習課題（活動内容）
- 単元を通して，第一次世界大戦が現代の日本と世界に与えた影響について，Googleスライドを使って1つのテーマで1枚ずつ図解を作成する
- 本時では第一次世界大戦のデータと映像を資料にして，「世界大戦」と呼ばれる意味を解釈する

🏗 構造化
- 20世紀は映像や写真を資料に活用しやすくなる分，記録が残る背景や記録化の意図に着目する
- 歴史の「日本の民主化と冷戦下の国際社会」の単元や，公民の「私たちと国際社会の諸課題」の単元と関連付け，第一次世界大戦を，現代の諸課題の背景の1つとして捉える

🔍 効果的な見方・考え方 💬 発問
- 第一次世界大戦の学習では，関連の見方・考え方を働かせるが，特に背景と影響に着目する。影響については，第一次世界大戦の直接的な影響の他，現代の諸課題への間接的な影響について考察する

「『私たちの生きている世界自体が第一次世界大戦の産物である』とは，どういう意味か？」
「なぜこの場面が映像に残っているのか？」

準備編
基本デザイン
研究の力点
成果のつなげ方
実践編
地理的分野
歴史的分野
公民的分野

「正しい戦争」とは，何を論拠にした主張なのか？

❶ Start　学習課題　戦争の「正しさ」の問題点を指摘する

　単元を貫く学習課題は，「『正しい戦争』とは，何を論拠にした主張なのか？」です。単元の学習では，考察対象を変えながら「正しい戦争」という主張の問題点を検証します。例えば，日本のアジア進出の学習では，侵略を正当化する軍部の論理の矛盾点を突きます。また，戦時下の国民生活の学習では，戦争は間違っていると感じていても口に出せない風潮や反戦の意見を取り締まる仕組みがあったことの理解につながります。

❷ 効果的な見方・考え方　主語に注目して多面的・多角的に考察する

　この学習課題は，子どもたちの問いを引き出すきっかけとして機能させます。子どもから出やすいのが「戦争の正しさを主張するのは，どのような立場の人か？」という問いです。多面的・多角的に考察するきっかけになります。逆に「人それぞれの判断だから」という発言が見られることがありますが，それは安直に多様性を求めて，議論を放棄しています。そこで納得せず，対話を進めるようにします。公正な判断の基礎となる資料の用意も必要です。

❸ 構造化　教師の発問自体を疑う力を身に付ける

　歴史の学習の大詰めを迎えている単元のため，これまで自分なりの問いを立ててきた経験を生かし，**教師の発問の妥当性を検証する**ことを目指します。そのきっかけづくりとして，「この学習課題自体に問題はないだろうか？」と発問します。そうすると，子どもからは「そもそも，戦争を正しいかどうかで考える問いは適切なのか？」や「正しいか正しくないかに二分して考えるのは誘導ではないか？」と，学習の枠組み自体を問い直す意見が出ます。

「第二次世界大戦と人類への惨禍」教材研究の流れ

🎳 素材

- 世界恐慌から第二次世界大戦の終結までの時期の映像・写真・国内の新聞記事
- 戦時下の国民生活や広島・長崎の原爆被害に関する写真資料やデジタルアーカイブ
- 各国の経済や産業，税制に関する統計

📖 内容

- 世界恐慌の国際社会及び日本への影響
- 第二次世界大戦の経過と日本の動き
- 戦時中の日本と欧米，アジア諸国との関わり
- 戦時下の国民生活や戦争の被害
- 戦時下での反戦の動き

🚩 ゴールの姿（資質・能力）

- 軍部の台頭から戦争までの経過と，第二次世界大戦が人類全体に惨禍をもたらしたことを，資料を根拠にして理解する
- 戦争を正当化する問題点について，正当化を図る意図や事実の曲解などに着目して考察する

👤 子どもの実態

- 子どもの中には「正しさは人それぞれ」と，価値判断を伴う議論を避ける気持ちがある
- 「正しいか」や「〜すべきか」という問いに対しては，主張を補強するのに都合がよいデータばかりを集めて，反論に耐えられない主張をすることがある
- 「なぜ戦争がいけないのか？仕方がないのでは？」と疑問を抱く場合もある

📋 学習課題（活動内容）   **Start**

- 単元の学習を通して，考察対象を変えながら戦争を「正しい」とする主張の問題点について論証する
- 単元の後半では，教師が設定した単元を貫く学習課題の妥当性を子どもが吟味する場面をつくる。対案となる学習課題を子どもが考えて追究する

🏗 構造化

- 1年生から続けた歴史の学習の終盤に入る単元であるため，これまでの問いづくりの経験を生かして，教師の発問自体を検証する
- 「この学習課題自体に問題はないだろうか？」という発問を通して，子どもと一緒に課題設定や学習の枠組みを見直す機会をつくる

🔍 効果的な見方・考え方   💬 発問

- 因果関係に着目し，戦争の正しさを主張する人々の立場を具体化して多面的・多角的に考察する

「『正しい戦争』とは，何を論拠にした主張なのか？」
「戦争の正しさを主張するのは，どのような立場の人か？」
「そもそも，戦争を正しいかどうかで考える問いは適切なのか？」

C 近現代の日本と世界
(2)現代の日本と世界　日本の民主化と冷戦下の国際社会

「戦後○年」という基準で今の世の中を捉えることは的確なのか？

❶ Start ▶ ゴールの姿（資質・能力）　戦後という枠組みを捉える

　単元を貫く学習課題は，「『戦後○年』という基準で今の世の中を捉えることは的確なのか？」です。太平洋戦争から80年近くが経つ中で，「なぜ今でも『戦後○○年』という表現を使うのか？」と問うことで，第二次世界大戦後の国際秩序が，社会の基本的な枠組みとして現在の日本や世界に大きな影響を与えていることを理解します。その理解を前提として，「未来の日本や世界はどうあるべきか？」と，よりよい社会の在り方を構想する資質・能力を育てることを目指します。

❷ 子どもの実態　今とのつながりを具体化する

　子どもたちにとっては，20世紀の歴史的事象は身近ではありません。戦後の歴史を学習しても「昔はそうだったんだ」と他人事のように捉えるのは当然です。そこで，「みなさんの家庭や学校に見られる製品や技術，制度の中に，戦後の10年間に由来するものはないか？」と問います。道具や交通機関などの目に見える物から始めて，学校制度や法律などの仕組み，目に見えない価値観へと，戦後の歴史と今の社会をつなげるようにしましょう。

❸ 内容　人を資料として戦後の社会を考える

　戦後の歴史に関わっては，人々の声や姿の記録が豊富に残されているため，資料として活用すると語句の羅列から抜け出せます。ただし，人物に焦点を当てるだけだと，社会の構造が見えてきません。「なぜこの人は，…という発言をしているのだろうか？」と問うことで，人を通して社会を捉えましょう。様々な立場の人を選ぶことで，多面的・多角的な考察を促します。

「日本の民主化と冷戦下の国際社会」教材研究の流れ

素材
- 戦後の民主化に関するGHQの指令や法令
- 主な家電や交通機関，娯楽等が普及した時期をまとめた年表
- 戦後10年間の国内外の主な出来事に関する写真や映像，史実に沿った漫画や映画

内容
- 国際連合の発足と冷戦，朝鮮戦争
- アジア諸国の独立
- 戦後の混乱と日本の民主化，経済の再建
- 日本の国際連合の加盟と諸外国との関係構築
- 戦後の人々の暮らしや教育

ゴールの姿（資質・能力）
- 第二次世界大戦後の国際秩序が，社会の基本的な枠組みとして現在の日本や世界に影響を与えて，新しい日本の建設が進められたことを理解する
- 歴史と現在のつながりや未来の社会の在り方について課題意識をもって考察，構想し，表現する

子どもの実態
- 戦後の歴史であっても，子どもにとっては過去の話であり，身近な内容ではない。そこで，身の回りにある物や仕組みの成り立ちから，戦後の歴史と現代のつながりを実感できるようにする。
- 写真や映像が豊富に残されている分，それらの印象に左右されて思い込みがあったり，偏った評価をしたりしている場合がある。

学習課題（活動内容）
- 1945年から「もはや戦後ではない」が流行語となった1956年までの日本と世界の主な出来事に関する年表を作成する
- 年表には，政治や外交に加えて，現在でも販売される商品など，子どもの関心に沿った項目を加える

効果的な見方・考え方　　発問
- 推移の視点に着目して，戦前から戦後にかけて変化した点や，戦後すぐから現在まで継続している点を見出して多面的・多角的に考察する

「『戦後○年』という基準で今の世の中を捉えることは的確なのか？」
「みなさんの家庭や学校に見られる製品や技術，制度の中に，戦後の10年間に由来するものはないか？」

構造化
- 日本と国際社会の結び付きが近代に比べてさらに強くなるため，地理的分野の学習を生かして，空間的相互依存作用に着目する。
- 日本の国際社会への復帰に関わって，地理の地域構成の単元と関連付けて，領土問題の歴史的な経緯について理解できるようにする。

C 近現代の日本と世界

(2)現代の日本と世界　日本の経済の発展とグローバル化する世界

現代の戦争は，
近代以前と何が違うのか？

❶ Start　効果的な見方・考え方　原因・理由・背景・契機を区別する

　単元を貫く学習課題は，「現代の戦争は，近代以前と何が違うのか？」です。因果関係の視点に着目して，戦争の原因について考察し，「なぜ人は争いを繰り返すのか？」という本質的な問いと向き合うきっかけをつくります。

　事象が起きる原因と契機は別物です。また，原因と個人の行動の理由，社会的な背景を混同しないようにします。「宗教は背景ではなく原因なのか？」や「資源だけが原因なのだろうか？」と，問い返しながら考察を進めます。

❷ 素材　ピューリッツァー賞の写真から戦争について考える

　冷戦後の戦争や地域紛争を通して，戦争の原因について考えますが，素材にするのはピューリッツァー賞の写真です。現代の戦争という概念を理解するのは，大人でも難しいことです。そこで，情報を読み取りやすい資料として，写真を使います。写真から読み取った情報を学習内容と結び付けます。

　また，写真は歴史の一場面を切り取ったものです。そこで，「社会的事象がどのように記録され，人々は歴史を記憶するのか？」という問いをもって，歴史における資料の管理の課題についても考えます。

❸ 活動内容　対話でわかりづらさと向き合う

　戦争の原因のように答えの幅の広い問いの場合，どんな意見も「まあ良いんじゃない？」や「ありだよね」とあいまいな評価になりがちです。それを防ぐために，子ども同士の対話の場面では，他者の意見を解釈する視点と評価する基準を明確にします。わかりやすさを求めずに，対話を通して戦争の複雑な原因や社会的事象同士のつながりを少しずつ明らかにしていきます。

「日本の経済の発展とグローバル化する世界」教材研究の流れ

🎖 素材

- ベトナム戦争や地域紛争，冷戦の終結に関するピューリッツァー賞の写真
- 高度経済成長や沖縄返還，石油危機などの節目となる事象に関するニュース映像
- 学校に保管されている過去の卒業アルバムの最後にある「今年のニュース」のページ

📖 内容

- 高度経済成長による日本の経済大国化
- 国際協調と平和外交の推進
- 冷戦の終結と地域紛争の拡大
- グローバル化の進展と経済・安全保障の世界的な相互依存作用

🚩 ゴールの姿（資質・能力）

- 日本の経済や科学技術の発展によって国民の生活が向上し，国際社会における日本の役割が増大したことの影響と課題について理解する
- 世界各地の戦争や紛争を中心に現代の地球規模の課題の原因について考察し，表現する

👤 子どもの実態

- 戦争の原因のように難解な課題に対しては「わからない」とあきらめたり「この意見で良いんじゃない？」と安直に考えたりしやすい
- 写真や映像資料は意見を言いやすい反面，解釈の正確性に欠ける場合がある。個人の感想に留めずに，語句レベルの知識や説明的知識と関連付けるようにする

📋 学習課題（活動内容）

- 単元を通して，写真や映像の1カットに解説文を記入する。子どもが個々に構築したGoogleサイトに，写真・映像と解説文を追記していく
- サイトの内容を相互評価しながら改善し，学習の最後には現代の戦争の特色についての意見を書く

🏗 構造化

- 現在の生活と歴史のつながりや，地球規模の事象の背景としての歴史を扱うことで，公民的分野の学習と関連付ける
- 戦争の原因について考察する時に，近代の戦争や，近世以前の戦争と比較して，現代の特色を明らかにする。また，時代を問わずに共通する戦争の本質を探るようにする

🔍 効果的な見方・考え方 💬 発問

- 因果関係の視点に着目して，原因・背景・理由・契機を区別しながら，現代における戦争の原因について多面的・多角的に考察する

「現代の戦争は，近代以前と何が違うのか？」
「なぜ人は争いを繰り返すのか？」
「それは本当に戦争の原因なのだろうか？」
「なぜこの写真を見て〜と感じるのか？」

現代の日本の特色に，もう１つだけ加えるとしたら何を入れるか？

❶ **Start** ▶ **内容** **学習指導要領を読み込んで教科書を疑う**

　本単元は，教科書では少子高齢化・情報化・グローバル化の３つの特色が示されています。しかし，現代の日本社会の特色は，この３つで説明するのが妥当なのでしょうか。このように教科書の内容を疑うことから教材研究を始めます。学習指導要領の解説は「少子高齢化，情報化，グローバル化など」という表現になっています。この「など」の部分に注目します。

❷ **学習課題** **子どもの目で現代社会を捉える**

　単元を貫く学習課題は「現代の日本の特色には少子化，情報化，グローバル化があると言われるが，もう１つだけ加えるとしたら何を入れるか？」とします。どのような意見も認めるのではなく，条件として，現在の政治や経済，国際関係に大きな影響を与えている表現とします。子どもからは「ロボット化」や「不安定化」「バラバラ化」「記録化」などの意見が出ました。

　また，各時間の学習では学校生活から現代の特色を考えます。そうすると，情報化では黒板とチョークを使う点や，グローバル化と言いながら日本独特の学校文化がある点など，社会の影響と共に学校の課題が見えてきます。

❸ **発問** **見方・考え方を働かせやすくするように発問する**

　学習課題に「もう１つ」という表現を入れることで，少子化・情報化・グローバル化以外の側面に着目しやすくなります。それは多面的・多角的な考察につながります。また，情報化に関する学習では，「対話型の AI は，学校生活をどのように便利にするか？」と発問します。「便利にする」という表現を入れることで，子どもが効率の視点に目を向けるように促します。

「現代日本の特色」教材研究の流れ

準備編
基本デザイン
研究の力点
成果のつなげ方
実践編
地理的分野
歴史的分野
公民的分野

Start

📖 内容

- 少子高齢化の進展による家庭や地域の変化
- 情報化による産業や社会の構造的な変化
- グローバル化による各国の相互依存と協力
- 現代日本の特色と学校生活や家庭生活の関連

🥕 素材

- 人口の推移や産業構造の変化に関する統計
- 高度情報通信ネットワークの整備や人工知能の急速な進化に関する報道の資料
- 第４次産業革命やSociety 5.0の資料
- 国民生活や社会意識に関する内閣府の調査結果や，民間の調査結果

🚩 ゴールの姿（資質・能力）

- 現代日本の特色として少子高齢化・情報化・グローバル化などが見られることを資料から情報を読み取って理解する
- 現代社会の特色をキーワードで見つめて，考察した内容を表現する

👤 子どもの実態

- 学習課題には「もう１つだけ」という制約を設ける。複数の案を思いつく子どもには考えを集約する効果があり，逆にアイデアを思いつきづらい子どもにとっては安心感が生まれる
- 考察対象が現代社会と広いため，学校生活という身近な状況に限定して課題のハードルを下げる
- 子どもは新しい技術などを礼賛する場合と，意外と保守的な場合に二極化しやすい。そこで，「AIが進化すれば最高の生活が待っているね！」などの極端な意見を教師が意図的に述べることで，多面的・多角的な考察を促す

📋 学習課題（活動内容）

- 単元を通して，現代の社会を特徴づける端的な表現について考察する
- 情報化の学習では，生成AIの利便性と課題について考察し，AIの普及によって未来がどのように変化するか，予測を立てる

🔍 効果的な見方・考え方　💬 発問

- 地理や歴史の学習で働かせてきた見方・考え方を活用し，現代の特色について多面的・多角的に考察する

「現代の日本の特色に，もう１つだけ加えるとしたら何を入れるか？」
「学校はグローバル化の影響を受けているか？」
「AIは，学校生活をどのように便利にするか？」
「逆に，不便になる点はないか？」

🔧 構造化

- 効率と公正などの現代社会の見方・考え方は次の単元で扱うため，本単元では地理的な見方・考え方と歴史的な見方・考え方を活用する

A私たちと現代社会

(1)私たちが生きる現代社会と文化の特色　現代社会の見方・考え方の基礎

なぜ実際の学校や家庭では，すんなりと納得できないルールがあるのか？

❶ Start　効果的な見方・考え方　効率と公正・対立と合意を基礎にする

　効率と公正，対立と合意の視点は，現代社会の見方・考え方の基礎です。課題解決について構想する学習活動では，以下のように活用して，合意のために効率の視点から最適解を検討し，公正の視点から納得解を検討します。

---

①対立と合意…課題解決の方向性の基礎

・対立…社会集団での摩擦や紛争，契約未成立などの諸問題を考慮する

・合意…問題の解決内容や手続きを議論の上で納得して決定する

②効率と公正…解決策を評価する時の条件の基礎

・効率…無駄を省き，より少ない費用でより大きな効果を得ようとする

・公正…手続き，機会，結果について公正（フェア）であろうとする

---

❷ 素材　子どもの周りに溢れるルールを教材化する

　単元を貫く学習課題は「なぜ実際の学校や家庭では，すんなりと納得できないルールがあるのでしょうか？」です。実際のルールを素材として，ルールの意義や，公正さを欠いたルールの問題について考えます。特に，学校では教師，家庭では保護者など立場の強い人が一方的にルールを決める場合があるため，納得解には手続きの公正さが重要であることを強調します。

❸ 活動内容　対話でよりよい答えを模索する

　学校や家庭のルールを改善する活動を行います。子ども同士の対話で改正案を練り上げた後に，保護者や教員との対話の場で改正の実現を目指します。

「現代社会の見方・考え方の基礎」教材研究の流れ

🧦 素材
・学校や家庭における実際のルール
・他の学校における校則改正などのルールメイキングの実践例

📖 内容
・社会集団の形成とトラブル
・きまりの意義と課題
・物事のよりよい決定の仕方
・契約を通した個人と社会との関係づくり

🚩 ゴールの姿（資質・能力）
・現代社会の見方・考え方の基礎となる枠組みとして，対立と合意，効率と公正について理解する
・個人の尊厳と両性の本質的平等，契約の重要性や契約を守る意義，個人の責任について理解する
・望ましいルールの内容や決め方などの条件や，契約を通した個人と社会との関係，きまりの役割について考察し，表現する

👤 子どもの実態
・学校のルールについては，不満の気持ちを表出しづらかったり，改正をあきらめたりしている場合がある
・家庭のルールについては，家庭の差が極めて大きい。ルールがない家庭や保護者が管理的な場合，子どもがわがままを通す場合など，様々なケースを考慮する

📋 学習課題（活動内容）
・学校や家庭の具体的なルールを例に，ルールがある意義を確認する
・ルールの内容や手続きの問題を明らかにし，改善すべき点を課題として把握する
・ルールの改正案を構想する
・保護者や教員と改正に向けた交渉をする

📊 構造化
・効率と公正，対立と合意の視点は，現代社会の見方・考え方の基礎である。今後のどの単元でも，公民的分野で課題解決について構想する際に働かせる
・感情的には納得できなくてもルールに従うべき場面や，個人的な感情を抜きにして論理的にルールを適用しなければいけない例を扱うことで，法の支配の概念の理解につなげる

🔍 効果的な見方・考え方　💬 発問
・学校や家庭のルールの問題点と改正案について，合意のために効率の視点から最適解を検討し，公正の視点から納得解を検討する

「なぜ実際の学校や家庭では，すんなりと納得できないルールがあるのか？」
「どのような条件がそろえば，納得できるだろうか？」
「内容だけではなく，決め方に問題はないか？」

準備編
基本デザイン
研究の力点
成果のつなげ方
実践編
地理的分野
歴史的分野
公民的分野

時間やお金の「無駄遣い」と「有効活用」の境界線は,どこにあるのか?

❶ Start　構造化　金融経済教育の第一歩は納得のいく消費から始まる

　本単元は,消費者教育に加えて金融経済教育と関連付けた学習にします。どちらも,社会に出てから困らないために細かな制度を扱うことに流されがちです。しかし,仕組みや「お得な情報」を知る前に,生活を向上させるために経済があるという大前提を理解すべきです。子どもにとっては一番身近な経済生活は,消費です。そこで,納得できる消費の在り方を追究します。

❷ 子どもの実態　本当に必要な消費を子どもが選択できるようにする

　単元を貫く学習課題は「時間やお金の『無駄遣い』と『有効活用』の境界線は,どこにあるのか?」です。消費の基準は不明確です。費用対効果の感じ方は人によって違い,同じ消費行動に対しても目的や期間によって価値が変わることを実感できるようにします。短絡的な欲望に流されずに,長期的な展望に沿って適切な選択をするために,無駄遣いと感じる原因を分析します。

❸ 発問　逆に「納得できない消費」を問う

　消費者の権利と責任に関する学習では,生産者と消費者の間に交換の関係があることに着目します。生産者と消費者の双方が満足して納得できるような経済活動の在り方について考えます。そのために,導入として「納得できない消費とは何でしょうか?」という発問を行います。納得できる消費の条件について考えるために,「納得できない」という逆の発問をします。

　逆や例外に関する問いは,事象の特色を浮かび上がらせます。例えば,最低の解決策を想像すると,最高の解決策の条件が見えてきます。発問に限らず,子どもの問いづくりでも「逆の問い」や「例外の問い」を勧めましょう。

「身近な消費生活」教材研究の流れ

素材
- 子どもたちのお年玉やおこづかいの使い道のアンケート（Googleフォームで集計）
- 金融広報中央委員会の「子どものくらしとお金に関する調査」や学研の「小学生白書」の結果

内容
- 財やサービスの定義
- 経済活動の意義と生活の向上
- 個人の消費行動の問題点と改善策
- 個人の経済活動の積み重ねによる社会の変化

ゴールの姿（資質・能力）
- 身近な消費生活を中心に，経済活動が生活の維持・向上に果たす役割を理解する
- 自立した消費者としての行動が資本の有効な活用や，財・サービスの質の向上につながることを理解する
- 消費者としての役割と責任について考察し，よりよい消費の在り方について判断する

子どもの実態
- 「経済は難しくてよくわからない」という印象をもつ子どもは多い。そのため，身近な消費から経済活動の意義を考えるようにする
- 消費に関わっては，無駄遣いかどうかの判断基準がない他に，わかっていても短絡的に消費してしまうという課題がある

学習課題（活動内容）
- 消費がもたらす個人への影響と社会への影響について，フローチャートを作成する
- 財産や時間の「無駄遣い」と「有効活用」の境界線について考えて，図解で表現する
- 分業と交換の結果として富の偏在を生む問題について，効率的かつ公正な解決策について構想する

構造化
- 金融経済教育と関連付けて，経済は生活を向上させることを，子どもにとって身近な消費を通して理解できるようにする
- 消費者教育と関連付けて，消費者として自立するためには，効率と公正の視点から適切な消費行動をすることが重要である。学習の中で，適切な消費について判断する場面を設定する

効果的な見方・考え方　発問
- 分業と交換の必要性に着目し，消費を中心とした経済活動の意義について多面的・多角的に考察する

「時間やお金の『無駄遣い』と『有効活用』の境界線は，どこにあるのか？」
「納得できるのは，どのような消費をした時か？」
「消費した結果だけが，満足感につながるのだろうか？」
「選ぶまでの楽しさは，満足感につながるだろうか？」

市場の主役ではなくなりつつある日本が，経済で果たすべき役割は何か？

❶ Start ▶ ■ ゴールの姿（資質・能力）　構想の鋭さにこだわる

　単元を貫く学習課題は「市場の主役ではなくなりつつある日本が，経済で果たすべき役割は何か？」です。日本の消費者や企業の役割と責任について考察し，具体的な行動を提案します。

　本単元では，構想の鋭さにこだわります。鋭い構想とは，論理的に妥当性を感じると同時に，聞き手が感情面で意外性を感じる主張を指します。妥当性に関わっては，データを論拠として活用し，反論を想定した問答を考えます。意外性に関わっては，他者との対話や生成 AI のアイデアを生かしながら，ユーモアを含んで魅力のある提案を目指します。

❷ ■ 内容　経済大国としての新しい役割を模索する

　2050年の GDP の予測に沿って，日本の経済面での国際的な地位が低下する中で，個人や企業としてすべきことを構想します。地球温暖化の進展や情報化，移民の受け入れなど他の事象と関連付けます。

❸ ■ 発問　子ども同士の質問で多面的・多角的に考察する

　将来の予測は考察する範囲が広く，対話の場を設定するだけだと停滞する場合があります。そこで，考察の対象や方向性を具体化するために，お互いに質問をします。例えば，「これは，どんな面に注目したの？」と質問すると，多面的な思考につながります。「今のは，どの立場の人を考えた発言なの？」と問うと，多角的な思考につながります。本単元の場合，市場経済という難解な概念を理解するために，家計の消費行動や家族の年金，お気に入りの財やサービスを提供する企業などの身近な例に即して考えます。

「市場経済の基本的な考え方」教材研究の流れ

素材

- ・現在の日本や世界の主な国のGDPや貿易統計
- ・民間機関のGDP将来予測のデータとレポート
- ・世界人口白書や総務省の人口推計
- ・20世紀以降の物価の変化を表すグラフ

内容

- ・将来の世界の中での日本経済の位置
- ・市場における価格決定の仕組み
- ・価格決定の例外と公共料金
- ・これからの消費や企業活動の在り方

ゴールの姿（資質・能力） **Start**

- ・市場における価格の決まり方や資源の配分などを通して、貨幣の役割や市場経済の基本的な考え方を理解する
- ・現在から将来にかけて、日本が世界の経済のために果たすべき役割について、個人や企業の経済活動における責任と関連付けながら構想し、構想したことを的確に表現する

子どもの実態

- ・将来の世界について、大人世代よりも危機感をもっている子どもは多い
- ・希少性に関わっては、あらゆる資源の他、時間や情報も有限であることを理屈ではわかっていても、選択の段階では意識できない場合が多い

学習課題（活動内容）

- ・単元を通して、2050年の日本の経済状況の予測に即して「予測よりもGDPを上げる」か「予測通りにGDPの順位が下がっていく状況に適応する」のどちらかを選択して、個人や企業の工夫を提案する
- ・地球温暖化に対応した選択や配分の工夫を考える

構造化

- ・日本経済の課題や今後の予測などのテーマを、経済の終盤ではなく、序盤の単元で設定する。それによって、経済という子どもが身近に感じづらいテーマに対して、切実性をもって学習できるようにする
- ・将来の予測をするというテーマのため、地理の気候の単元や公民の国際の単元と関連付けて、地球温暖化の進展に対する企業の経済活動や個人の消費の問題について考察する

効果的な見方・考え方 ●●● 発問

- ・選択と配分や希少性の見方・考え方を働かせながら、市場経済の基本的な考え方や、今後の日本経済の在り方について、多面的・多角的に考察する

「市場の主役ではなくなりつつある日本が、経済で果たすべき役割は何か？」
「予測よりGDPの順位を上げるためには、どのような工夫が必要か？」
「順位が下がった時に、消費や企業は何が変わるか？」

金もうけは悪いことなのか？

❶ Start ▌ 発問　本質的な問いで概念に迫る

　資本金が1円から会社を設立できることや，小中学生でも社長に就任できるというのは，子どもにとっては意外な事実です。ただ，実例を紹介しても，子どもたちは憧れよりは，いぶかしむ気持ちをもつことがあります。そこは，大人も同じかもしれません。その背景には，利潤の追求を前面に出すことに「引っ掛かり」を感じる風潮があります。そこで，「金もうけは悪いことなのか？」や「なぜ，利益を出すことに悪い印象をもたれることがあるのか？」という問いを通して，日本社会の特色や課題と向き合うようにします。

❷ ▌ 学習課題　本気で社長の立場から企業努力の在り方を考える

　単元を貫く学習課題は「中学生社長として，他社との競争に勝つためにどのような工夫をすべきか？」です。具体に乏しい意見や「〜をがんばる」といった決意表明で終わらないようにします。そのため，会社の定款の一部を書き，他の子どもや保護者を対象にアンケートをとって市場調査をします。また，架空の商品の広告を Canva などのアプリを使って作成します。企業との連携が可能であれば，起業家教育の協力事業者を招いたり，オンラインで交流したりする方法もあります。「本物」と接する機会の保障は大切です。

❸ ▌ 素材　成功例を資料にして新しい価値を生み出す

　実際の小中学生社長の事例を資料として，生産や資金調達の工夫について考察します。ただし，実際の成功例は，最初に行ったからうまくいった場合が多々あります。実例を分析して社長になるハードルと成功のポイントを見つけ出して，個々の子どもが設定した企業の工夫にアイデアを生かします。

「生産や金融の仕組み」教材研究の流れ

🥕 素材
- 実際の中学生社長のインタビュー記事
- 東証一部上場企業など，有名企業の定款
- 小中学生向けの投資に関する啓発資料
- 大学生向けの起業に関する啓発資料

📖 内容
- 財やサービスを生産する仕組みと労働の役割
- 生産活動や起業，生活資金などに役立つ間接金融と，企業の直接金融による資金調達

🚩 ゴールの姿（資質・能力）
- 現代における生産や金融などの仕組みや働きを理解する
- 実際に起業を目指すことを通して，企業としての生産の在り方や企業の社会的責任について構想し，構想したことを伝わりやすい形で表現する

👤 子どもの実態
- 「お金があるかないか」という状況には関心があるが，「どのような経緯で得たお金か」については考慮していないことがある
- 起業については関心が低く，潜在的な仕事を新しく創出するという意識はない場合が多い
- 投資をギャンブルのように捉えている場合がある

📋 学習課題（活動内容）
- 単元を通して，「中学生社長として成功する○○の方法」をGoogleサイトで作成して公開する
- 生産に関わる企業を創業する設定で，企業の定款の内，商号と事業の目的を書く。市場調査，商品開発，広告などの方法を想定する
- 金融の学習では，子どもたちが考えた企業を対象に，相互に投資したい企業を決める

🔍 効果的な見方・考え方　💬 発問　**Start**
- 企業や家計による生産のつながりや，生産活動の意義と難しさについて，分業と交換に着目して多面的・多角的に考察する

「中学生社長として，他社との競争に勝つためにどのような工夫をすべきか？」
「金もうけは悪いことなのか？」
「なぜ，利益を出すことに悪い印象をもたれることがあるのか？」

🏛 構造化
- 次の「勤労の権利と義務」の単元を含めて，キャリア教育として実践し，勤労観や職業観の基礎を培う。複数の単元を通して多様な職業の在り方を扱い，勤労の意義や役割について考える機会を保障する
- アントレプレナーシップ教育と関連付けるが，起業を勧めるよりも，失敗を恐れずに挑戦する意識を養う

B 私たちと経済

(1)市場の働きと経済　勤労の権利と義務

あなたにとって,仕事と私生活の 理想的な割合は何対何か?

❶ Start　子どもの実態　やり方を通して在り方を考える

　子どもにとって,将来の自分の姿は漠然としたものです。全くイメージを描けていない場合もあります。具体的な職業は決めることができなくても,仕事と私生活のバランスについて考えることで,どのような職業に就いたとしても,ワーク・ライフ・バランスを保つ意識を育みます。将来の働く方法(やり方)を通して,将来に向けた在り方を構想します。

❷　活動内容　対話で平行線を受容と共存に変える

　単元を貫く学習課題は「あなたにとって仕事と私生活の理想的な割合は,何対何か?」です。勤労観や職業観は人それぞれですが,「それぞれ違う」で終わらせないようにします。「それぞれ違う勤労観を反映させるには,労働に関わってどのような選択肢が必要か?」や「それぞれ働くことに期待する内容は違うが,逆に共通点はないか?」と問うことで,対話を平行線で終わらせずに,価値観の相違を互いに尊重しながら共存することを目指します。

❸　内容　テーマを選ぶことで当事者性を高める

　ブラック企業や非正規雇用,女性のキャリア形成,若年層の離職率の高さ,就職氷河期世代の再就職の難しさ,定年延長など労働に関する諸課題の中から,子どもが関心の高いテーマを選択して,自分の立場に置き換えて考察します。例えば,定年延長については「55年後に70歳で退職する日に,他の社員や家族に向けて,人生を振り返ってどのような言葉を残すか?」という問いの回答を考えて,短い言葉と関連した画像で表現します。そして,定年というゴールに向けて,若い内からどのような環境で働くべきか考えます。

「勤労の権利と義務」教材研究の流れ

📎 素材
- 厚労省のサイトの働き方改革の事例集
- ブラック企業や働き方改革，定年延長，非正規雇用，ガラスの天井などに関する新聞記事
- ワークシェアリングやSOHO，週休三日制などを推進する企業のホームページ

📖 内容
- ブラック企業と働き方改革
- 格差と非正規雇用，ワークシェアリング
- 女性のキャリア形成とガラスの天井
- 世代による勤労や職業選択の課題
- 勤労の権利と労働三権

🚩 ゴールの姿（資質・能力）
- 勤労の権利と義務，労働組合の意義及び労働三法の精神について理解する
- 社会生活における職業の意義や役割，ワーク・ライフ・バランスを実現するための雇用と労働条件の改善，ライフワークを見つける意義について考察する

👤 子どもの実態　**Start**
- 自分の夢として将来の職業について漠然としたイメージをもっている。ただし，夢を実現する手段については不明瞭であり，実現可能性を子ども自身が低く見積もっている場合がある
- ブラック企業などの労働の問題については「自分はそうはならない」と思い込んでいることがある

📋 学習課題（活動内容）
- 70歳で定年退職する時に語る言葉と，働き方を象徴するイメージ図を構想する。その働き方を実現するために必要な条件と，起こりうる労働問題の乗り越え方を年表形式のインフォグラフィックでライフプランとして表現する
- 考察した内容を保護者に評価してもらい，修正する

🔍 効果的な見方・考え方　💬 発問
- 希少性の視点に着目し，望ましい労働の在り方や，よりよい時間の使い方や労力の注ぎ方を構想する

「あなたにとって，仕事と私生活の理想的な割合は何対何か？」
「退職のあいさつで自分の働き方を振り返った時に，どのような表現をするだろうか？」
「正社員の副業やワークシェアリング，時短などの新しい取組は，本当によいことばかりなのか？」

🗂 構造化
- キャリア教育の一環として，予測不可能な未来における理想的な働き方について考えることを通して，将来のキャリア形成の方向性を見出すきっかけにする
- ウェルビーイングの実現のため，勤労の意義や職業選択の重要性を理解して，働くことへの前向きな意識を醸成する

社会保障の充実で, 福祉の本来の意味である幸せを実現することはできるのか?

❶ Start　ゴールの姿（資質・能力）　他人事にせず幸せの手段を考える

　国民の生活と福祉の向上の単元です。福祉を広い意味で捉えて, 誰もが幸せに生きる社会を実現する方法を探ります。幸せというのは, 個人の価値観に大きく左右されるテーマです。しかし, 他人事にせずに, 社会に所属する全員が幸福を追求する上での課題を明確にして, 経済面での解決方法を考えます。そのために, SDGsと関連付けます。

❷ 子どもの実態　「公民はつまらない」という印象を変える

　子どもから「（歴史や地理と比べて）公民はつまらない」という感想を言われることがあります。教科書に登場する語句や事例を説明するだけだと, 確かにつまらなくなるかもしれません。その印象を変えるために, 提案型の学習をデザインして, 子どもが社会をよりよい方向へ変えるきっかけをつくります。また, 目の前の子どもたちが切実さを感じる課題設定をします。

❸ 学習課題　社会保障の通信簿をつけることで自身と社会を評価する

　単元を通して, 社会保障に関連の深いSDGsの目標（3や10）の達成状況を通信簿の形で評価します。評価対象は, 学校, 地域（市町村）, 日本です。学校という身近な社会を対象に加えると, 子どもの切実性が増します。

　SDGsのターゲット（目標3は9つ, 目標10は7つ）に沿って評価をしますが, 重点評価項目や評価の観点は子どもが決めます。評価はA・B・Cの3段階とします。C評価については, 経済面の工夫で改善を図る方法をアドバイスとして記載します。評価者の立場になることで, 責任をもって社会的事象を分析し, 状況を判断するように促します。

準備編

基本デザイン

研究の力点

成果のつなげ方

実践編

地理的分野

歴史的分野

公民的分野

「社会保障の充実」教材研究の流れ

素材

- SDGsの232の指標の内，日本の統計でデータを確認できるもの
- 社会保障に関する法や施設，組織づくりの整備の契機となった事件や裁判などの資料

内容

- 市場の働きによって生じる問題
- 社会保障の4つの側面
- 消費者の権利と保護
- 社会保障の充実によるSDGsの実現

Start

ゴールの姿（資質・能力）

- より多くの人が幸せを感じることができる社会の在り方について，経済面に関わる制度設計や運用の方法を考えて表現する
- 社会保障の整備，環境の保全，社会保障の充実，消費者の保護の意義について理解する

子どもの実態

- 幸せの形は人それぞれ違うので，口を挟むべきではないという意識が強いと，他者に対して自己責任や自助を求めて，共助や公助を軽視する場合がある
- 語句レベルの知識の暗記に終始すると，社会保障の意義を実感できなくなる。そこで，通信簿形式で社会を評価する活動によって，語句を活用しながら，社会的事象の特色を見出すようにする

学習課題（活動内容）

- SDGsの目標の3「すべての人に健康と福祉を」と目標の10「人や国の不平等をなくそう」と社会保障を関連付けて，子どもの生活する地域と日本全体の達成状況を通信簿の形式で評価する
- SDGsのゴールやターゲットから外れているが，重要な課題を「ウェルビーイングの実現のためのゴール」として設定し，解決策を構想する

効果的な見方・考え方 ● 発問

- 国民生活の向上のために，限られた人的・物的資源を適切に配分する方法について，効率と公正に着目しながら多面的・多角的に構想し，表現する

「社会保障の充実で，福祉の本来の意味である幸せを実現することはできるのか？」
「社会保障の充実には，どのような人の思いが込められているか？」

構造化

- 地理的分野の「地域の在り方」と関連付け，地域の課題の中から社会保障に関連する内容を取り上げる
- 本単元では市場の働きに委ねることが難しい問題の解決方法を構想する。次の「財政と租税」の単元で，その提案に対して財政的な裏付けを図る

B 私たちと経済

(2)国民の生活と政府の役割　財政・租税

国はどのような分野に
財源を多く配分すべきか？

❶ Start　内容　納得のいく lose-lose な方法を検討する

　財源の確保としての租税と，財源の配分としての財政について学習する単元です。小中学校の社会科では，win-win な方法を模索する場合が多くありますが，財政と租税の場合はそうはいきません。むしろ，**lose-lose な結果であっても，納得のいく**租税の集め方や財源の使い方について構想します。

　財政や租税については専門家の意見が分かれるテーマです。例えば，不況では将来性のある分野に重点的に支出する「ワイズスペンディング」という考えがあります。しかし，何をもってワイズ（賢い）とするかという基準が大切です。支出の方法は，目指す社会の在り方によって変わります。

　また，マイナンバーカードの普及には賛否がありますが，前提となるマイナンバー制度については十分に理解されているとは言えません。子どもの認知度が高いマイナンバーを通して，税制インフラを整備する意義を考えます。

❷ 学習課題　実際の予算要求や予算案を資料に活用する

　単元を貫く学習課題は「国はどのような分野に財源を多く配分すべきか？」です。財務省に対する各省庁の概算要求の概要をまとめたスライドを資料にします。実際の資料を使うことで，様々な立場からの広範で多岐の要望を前提にして，納得のできる予算案を構想します。政府の実際の予算案と見比べることで，選択と配分の基準や政府が目指す方向性の理解につなげます。

❸ 効果的な見方・考え方　選択と配分に着目して合意形成を目指す

　有限な財源を有益に配分する方法を具体的に構想します。希少性や選択と配分に着目することに加え，利害の対立を超えて合意を目指すようにします。

「財政・租税」教材研究の流れ

Start

📖 内容
・財政への要望と財源の確保，配分
・少子高齢化による財源の変化
・財政支出の在り方と持続可能な財政
・マイナンバー制度による税制インフラ整備

素材
・政府の歳入と歳出に関するグラフや統計
・各省庁の概算要求の概要のスライド
・国債残高に関する資料と専門家の見解
・租税の種類やマイナンバー制度に関する資料

🚩 ゴールの姿（資質・能力）
・健全で適切な財政が国民生活を豊かにすることを理解し，租税の意義を理解する
・財政及び租税の役割を通して，将来を見据えて社会的な利益を生み出す方法について構想し，その内容の合意形成を図るために適切に表現する

👤 子どもの実態
・「税は取られるもの」という印象が強く，税の使い道に納得がいかない感覚を，大人と同様に抱きがちである
・財政に関して，個人的に関心の強い分野への支出は納得している。ただし，異なる立場の人々にとって重要な支出については，他人事として捉えて社会全体での必要性に意識が向きづらい

📋 学習課題（活動内容）
・国の予算の配分について，各省庁の要望を参考にしながら，支出すべき内容を判断して，ランキング形式で表現する
・実際の予算案から政府の目指す方向性を分析する
・より多くの人が健康で幸せを感じて生活するために，望ましい税の仕組みについて検討する
・マイナンバー制度の効果と問題点を検証する

🖧 構造化
・「市場経済の基本的な考え方」の単元で個人として納得のいく支出について考察した経験を生かす。本単元では，国として，より多くの国民が納得できる財政支出の基準について考える
・租税教育と関連付ける。納税の意義を理解して，社会の一員として，納税に対する納得感の醸成を図り，税の用途への関心を高める

🔍 効果的な見方・考え方　💬 発問
・財政の適切な配分や公正な税の仕組みについて，少子高齢化などの現代社会の特色を踏まえながら，希少性，選択，配分，持続可能性などの視点に着目して，多面的・多角的に考察し，表現する

「国はどのような分野に財源を多く配分すべきか？」
「納得のできる負担をするためには，どうすればよいのだろうか？」
「その支出には，誰の思いが反映されているのか？」

準備編　基本デザイン　研究の力点　成果のつなげ方　実践編　地理的分野　歴史的分野　公民的分野

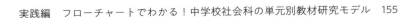

C 私たちと政治

(1)人間の尊重と日本国憲法の基本的原則　人間の尊重

みんなを尊重することはできるのか？

❶ Start ▌ 学習課題 個人の尊重を実現するハードルの高さを実感する

　単元を貫く学習課題は「みんなを尊重することはできるのか？」です。民主主義の基礎には個人の尊重の概念があることを理解できるようにします。人権は人間が生まれながらにもつ権利ですが，自然の状況だと十分に保障されません。そこで，法によって基本的人権として保障する必要があります。

　しかし，現実に「みんな」を尊重するためのハードルは高いものです。具体例を通して，「本当に全員を尊重できるのか？」「誰かを尊重することが，別の誰かを尊重しないことにつながらないか？」という問いと向き合います。

❷ ▌ 子どもの実態 安易な「みんな」を見つめ直す

　「みんな」という言葉は，実際は全員ではなく多数派を指す場合があります。「みんなのために」という意識が同調圧力を生み，「みんな同じ」という感覚が一人一人の違いを見えづらくすることがあります。「みんな」という言葉の危うさをテーマにして，子どもにとって切実性を感じる学習にします。

❸ ▌ 素材 歴史や地理の学習内容と身近な事例から考える

　本単元では，人権思想の発達や法整備の歴史などを扱いますが，語句レベルの知識の習得で学習が終わらないようにします。歴史の学習を振り返って「過去にみんなを尊重できたことは，あるのだろうか？」と考えたり，地理の学習を振り返って「一人残さず尊重されている社会は，世界のどこかにあるのだろうか？」と考えたりします。その考察の中で，子どもは自身の生活経験から，すべての人を尊重することの難しさを感じるはずです。地理・歴史と公民をつなぎ，子どもの身の回りの世界と教科書の世界をつなぎます。

「人間の尊重」教材研究の流れ

準備編
基本デザイン
研究の力点
成果のつなげ方
実践編
地理的分野
歴史的分野
公民的分野

🦴 素材

- 人権保障及び人権の侵害に関する歴史的事象
- 人権保障に関する世界各国の特徴的な法や，人権が制限されている事例
- 日常生活において個人の尊厳が踏みにじられていると判断される事例

📖 内容

- 人権の基本的な考え方
- 人権保障の歴史
- 地域による人権保障の状況の違い
- SDGsの実現と人権保障の関連

🚩 ゴールの姿（資質・能力）

- 人間の尊重の考え方や法の意義を理解する
- 人権の保障に関する理念と現実の乖離に関する課題を認識し，その原因と解決の方向性について構想を練り，考えたことを表現する

👤 子どもの実態

- 多数派の意見を押し通すために「みんな」という言葉を都合よく使う場合がある
- 「みんなのため」という言葉を使うことで，個々の違いが見えづらくなり，結果的に個人が尊重されなくなる場合がある

📋 学習課題（活動内容） **Start**

- 歴史や地理の事例から，個人が尊重されていない事例を集めて，その原因を分析する
- 学校や家庭など身近な生活の中で，個人が尊重されていない事例を探し，原因を分析する
- 人権保障を通して個人の尊厳を守るために必要なことを，「法」「政府」「個人」「社会の意識」などの項目に分けて図に表現する

🔍 効果的な見方・考え方　💬 発問

- 個人の尊重と法の支配に着目して，すべての人の権利を保障して個人として尊重するための課題について多面的・多角的に考察する

「みんなを尊重することはできるのか？」
「本当に全員を尊重できるのか？」
「誰かを尊重することが，別の誰かを尊重しないことにつながらないか？」

🏛 構造化

- 歴史や地理での学習や生活経験を生かして，個人の尊重の難しさを実感できるようにする
- 理念としてはすべての人が個人として尊重され，尊厳を認められるはずだが，現実には課題がある点について「みんな」という言葉を通して繰り返し考察する。2つ後の「日本国憲法の原則」の単元では「みんなの人権を保障するはずなのに，取りこぼされている人はいないか？」と問う

なぜ国には憲法が必要なのか？

❶ Start▶ 効果的な見方・考え方 法の支配に着目して概念を理解する

　単元を貫く学習課題は「なぜ国には憲法が必要なのか？」です。日本国憲法を通して，憲法の意義について考えます。

　この単元で働かせたい見方・考え方は「法の支配」です。国が法の拘束を受けることで，独裁政治や専制政治を防ぎ，国民の人権が保障されるという意義を理解できるようにします。憲法と民主主義の関係を可視化します。

❷ 活動内容 憲法のない日本や他国の憲法を採用した日本を想定する

　活動内容として，単元の学習の前半では「日本国憲法だけがなくなった日本」という状況を想定して，政治や社会がどのように変化するか推測します。子どもたちは権力の濫用の危険性に気付きます。

　単元の後半の学習では「もし日本の憲法が〇〇の憲法と同じになったら，どうなるか？」という課題を設定します。最初は，教師が提示した国（サウジアラビアの統治基本法）で考察します。その後で，子どもが任意で選んだ国の憲法が日本に適用されたと仮定して，社会の変化について考えます。

　単元の学習の最後では，憲法の特色を短い言葉と画像で表現します。「空気や水（普段は意識しないけれど，なくなると困る）」や「トマトの支柱（社会を支えて，一定の方法へ導く）」などの独創的な表現が見られました。

❸ 素材 憲法の原文と要点を用意する

　日本国憲法や各国の憲法は原文に加えて，要点をまとめた資料を用意します。子どもは概要から読解を始めて，必要に応じて原文にあたることができます。他国の憲法の概要をつくる際には，生成 AI を使うと効率的です。

「法に基づく政治」教材研究の流れ

🥕 素材
- 日本国憲法の概要をまとめたスライド
- 各国の憲法の条文と，条文の概要を4枚以内のスライドにまとめた資料
- 人権保障に関する主な出来事の年表

📖 内容
- 独裁政治や専制政治の背景
- 法の支配と法治国家
- 立憲主義の意味と意義
- 世界各国の憲法の特色

🚩 ゴールの姿（資質・能力）
- 民主的な社会生活を営む上での法に基づく政治の重要性を理解する
- 世界と日本の人権保障を相互に関連付けながら，基本的人権の理念の普遍性について考える

👤 子どもの実態
- 憲法と他の法を区別して理解していることは少ない。憲法の重要性を知識としては理解していても，実際の生活には大きな影響がないと考えている子どもが多い
- 地理の世界の諸地域の学習で，各地の地理的な特色は理解していても，各国の政治に関する知識は少ない。憲法の内容に加えて扱いが違うことを理解してはいない

📋 学習課題（活動内容）
- 日本の社会から日本国憲法だけがなくなったと仮定して，その影響を考察する
- 日本国憲法の代わりに外国の憲法が適用されたと仮定して，政治や生活，経済への影響を考察する
- 他の法と比べた時の憲法の特色について，短い言葉と画像で表現する。PadletやCanva，Googleスライドを使って，オンラインで表現する

🔍 効果的な見方・考え方 💬 発問
Start
- 法の支配に着目して，憲法が国の政治や社会に与える影響について多面的・多角的に考察する

「なぜ国には憲法が必要なのか？」
「もし，今の日本から憲法だけがなくなると，社会はどのように変化するか？」
「もし，日本の憲法がサウジアラビアと同じになると，社会はどのように変化するか？」

🗂 構造化
- 政治の単元全体を法教育に位置付けて，法の意義を具体化する
- 子どもが任意の国の憲法を選んで調べる時に，地理での世界の諸地域や宗教の学習を振り返り，関心のある地域を選択できるようにする
- 憲法の意義を考察する場面では，歴史学習を生かして憲法のない時代と比較する

準備編
基本デザイン
研究の力点
成果のつなげ方
実践編
地理的分野
歴史的分野
公民的分野

取りこぼされている「みんな」がいないか？

❶ Start ▶ 発問　人権保障の課題を「みんな」という言葉から考える

　単元を貫く学習課題は「本当に，みんなの人権を保障することができるのか？」です。政治の導入単元では「みんなを尊重することはできるのか？」という課題について考察しますが，本単元では，その問いを掘り下げます。日本国憲法で保障される人権に関して，具体的な制度と事例を取り上げて，人権保障の意義と課題について考察します。

　自由権，平等権，社会権，請願権と請求権，新しい人権など毎時間の学習では，必ず「この例で，忘れられたり，見ないようにされたりしている『みんな』がいないか？」と発問します。多面的・多角的な考察を促す意図です。

❷ 子どもの実態　なかなか考えないことをあえて取り上げる

　人権は，普段はほとんど意識しない概念です。人権と自分の生活を関連付けるために，裁判や報道で注目された人権侵害の事例を資料にします。「みんな」から取りこぼされた存在に気付くことで，問いをもつようにします。

❸ 活動内容　価値観の違いを生かして対話で視野を広げる

　子どもたちが重視する権利には個人差があるため，自分の価値観に引っ張られて偏った学びになることがあります。そこで，対話を通して，自分の関心のあるテーマを可視化し，他者との解釈の違いに関心をもちます。

　ある子どもは，新しい人権の学習で最初は社会の変化に応じて人権が増えることに納得していました。しかし，他の子どもが「なぜ憲法ができて70年以上経つのに，新しい人権は少ししか増えていないのか？」と問うのを聞いて，人権の普遍性に目が向くようになりました。

「日本国憲法の原則」教材研究の流れ

💣 素材

- 人権侵害に関わって社会問題化した裁判やニュースの事例
- 人権侵害かどうかについて社会的な議論を巻き起こしたSNSでの発信の事例
- 憲法以外の人権保障に関する法律や条例

📖 内容

- 自由権
- 平等権
- 社会権と社会保障や労働問題
- 公共の福祉と基本的人権を守るための権利
- 時代の変化と新しい人権

🚩 ゴールの姿（資質・能力）

- 基本的人権は憲法で保障するだけでは不十分であり、関連した法令や制度を整備する必要性があることを理解する
- 日本国憲法の原則や理念が社会に与える影響と、憲法の限界について考察して表現する

👤 子どもの実態

- 人権は、普段ほとんど意識しない。そこで、世間の注目を集めた事例を取り上げて、身近な生活と人権の関連性に気付くようにする
- 社会的な弱者や少数派の意見の存在自体に気付いていない場合がある。経済状況や家庭環境が厳しいクラスメートがいるかもしれないという意識がないことがある

📋 学習課題（活動内容）

- 単元を通して、「誰一人取りこぼさずに権利を保障するために」というテーマでレポートを作成する
- レポートの項目は人権の種類ごとに分けて、権利が侵害されたり、保障が十分ではなかったりする事例を取り上げて、問題の背景を分析する。また、人権保障のために法令や制度の改善案を構想する

🔍 効果的な見方・考え方　💬 発問

Start

- 個人の尊重や効率と公正に着目して、人権保障の在り方について多面的・多角的に考察する

「本当に、みんなの人権を保障することができるのか？」
「この例で、忘れられたり、見ないようにされたりしている『みんな』がいないか？」
「人権を保障するために、整えるべきことは何か？」

🏛 構造化

- これまでの公民の学習を生かして、「みんな」の権利を保障することの難しさを認識した上で、現実的ではないとあきらめずに粘り強く構想する
- 社会権に関わっては、経済の単元で労働問題や社会保障の問題を考える土台として、勤労の権利や労働基本権の内容を生かす

迷惑施設を一部の地域に集中させるのは，仕方がないことなのか？

❶ Start ▎素材 在日米軍基地の問題を日本全体の問題として扱う

　単元を貫く学習課題は「あなたが考える平和とはどのような状態か？」です。沖縄の普天間飛行場の移設問題を中心に，「迷惑施設」の受け入れが国や地域に与える問題について考えます。ポイントは，沖縄以外の人たちに当事者意識が欠けることが，沖縄に住む人々の怒りや苦悩の一因となっていることに焦点を当てます。基地に限らず，原発や廃棄物処理場のような迷惑施設は，地域内の分断だけではなく，地域間の分断や衝突を生みます。

❷ ▎活動内容 視野を変えて問題を把握する

　在日米軍基地の移設の問題は，win-win な解決策が存在しません。納得の上での合意につながる手続きの方法や，移設問題以外の施策を含めて総合的に納得がいく解決の方向性を構想します。そのために，平和の実現という状況について，「沖縄⇔国⇔アジア⇔世界」と視野を変えながら構想します。単純に「国の方針だから従うのは当然」と結論付けるのではなく，現在の基地の周辺で暮らす人々の願いや，移設先の人々の不安に共感し，より「まし」と判断できるような道を探ります。

❸ ▎ゴールの姿（資質・能力） 答えをすぐに出さずに問題と向き合い続ける

　社会的事象は複雑であり，社会問題の解決に唯一の正解など存在しません。本単元では，「迷惑施設を一部の地域に集中させるのは，仕方がないことなのか？」という現実の社会でも答えを出すのが難しい課題について，拙速に結論を出さないようにします。論点を整理して，課題解決の鍵となる要素を子どもなりに発見し，卒業後も納得のいく答えを探し続ける態度を養います。

「平和主義」教材研究の流れ

Start

素材

- 在日米軍基地の分布や推移などの資料
- 基地問題に関する全国紙と沖縄地方紙の記事
- 移設賛成・消極的賛成・反対の各立場の主張
- 日本やアジアの安全保障に関する日米両政府の方針や合意内容の概要

📖 内容

- 日本国憲法の平和主義
- 自衛隊の役割の変化と海外派遣の問題
- 日本や東アジアの安全保障の課題
- 在日米軍基地の負担と普天間飛行場の移設問題

🚩 ゴールの姿（資質・能力）

- 憲法の前文や第9条の特色と，憲法と自衛隊の関わり，安全保障の仕組みについて理解する
- 民主的な政治と安全保障の関連について考える
- 日本の安全保障の望ましい在り方について，在日米軍基地問題の構造を把握することを通して，将来にわたって課題解決に向けて考える態度を養う

👤 子どもの実態

- 論争的な課題を扱う場合，議論を嫌がる子どもがいる。そこで，感情的な反発と意見の違いを分けて捉える指導を徹底する
- 安全保障は複雑なテーマであり，そのままでは子どもには難しい。そこで，実際の社会での主な対立点を関係図にまとめたり，資料で注目すべき箇所を指し示したりするなどの支援をする

📋 学習課題（活動内容）

- 単元を通して，平和の実現という状態を子どもなりに定義し，平和の象徴となるイメージを作成し，その定義やイメージを更新する
- 普天間飛行場の移設問題について，ドラマの関係図のように構造化し，解決へのハードルを表現する

🏢 構造化

- 歴史の現代史の学習と関連付けて，在日米軍基地の問題の歴史的な経緯や，自衛隊の海外派遣の背景について理解を促す
- 迷惑施設の受け入れは，「核のゴミ」問題などにも共通する。焦って表面的な答えを出さずに，問題を把握することを優先する

🔍 効果的な見方・考え方　💬 発問

- 在日米軍基地の在り方について，様々な立場や地域の人々の願いに沿って多面的・多角的に考察する

「あなたが考える平和とはどのような状態か？」
「移設の代わりにお金を保障すれば，納得できる問題なのか？」
「迷惑施設を一部の地域に集中させるのは，仕方がないことなのか？」

準備編
基本デザイン
研究の力点
成果のつなげ方
実践編
地理的分野
歴史的分野
公民的分野

C 私たちと政治

(2)民主政治と政治参加　民主政治の仕組み

選挙に行く意味がないという 意見に対して，何と反論するか？

❶ Start　活動内容　具体的なアプリを想定して表現を使い分ける

　単元を貫く学習課題は「今の日本の政治の仕組みで，民意を生かすことができるのか？」です。国会と内閣の仕組みや政党の学習をすると，「でも，高い報酬に見合った活躍をしているのか？」という批判が出てきます。その率直な気持ちを否定せずに，生かす形で学習を進めます。

　選挙の学習の時間では，「18歳になって初めて選挙に行った時に SNS に投稿するとしたら」という設定の活動を行います。実際の SNS に合わせて，X（Twitter）風（140字以内の文章），TikTok 風（60秒以内の動画），Instagram 風（映える写真と30字程度の短文）の３つから選択します。また，その投稿に対して批判的な返信が寄せられた場合を想定して，反論するコメントも考えます。反論は穏やかに行い，対話が続くようにします。

❷ 構造化　デジタル・シティズンシップ教育に位置付ける

　これからの時代は，SNS を使った情報発信の表現力が求められます。特に政治的な発言は「炎上」につながる場合があります。そこで，責任をもって安全に SNS を使う練習として，本単元の学習活動を設定します。子どもたちに，デジタル・シティズンシップを育成します。

❸ 発問　国会や国会議員の役割を前向きに再考する

　政党に属する国会議員へ世間の風当たりは強いものがあります。そこで，「国会議員の数が減ると，何か困ることはあるのか？」と発問して，国会議員が「役に立つ」と感じる時の仕事の内容や支持者の立場について考えるようにします。国会議員の役割と責務を理解できるようにします。

「民主政治の仕組み」教材研究の流れ

🧶 素材

・憲法における国会や内閣の位置付け
・日本の選挙制度や政党の変遷
・選挙の年代別投票率のグラフと，投票率向上に向けた工夫の例
・国会議員や内閣，選挙や政党に対する実際のSNS上の意見（批判と肯定的な発言）

📖 内容

・民主政治を支える選挙
・国民と政治のつながり方
・国会の位置付けと機能
・議院内閣制と権力の分立
・政党の役割と様々な立場の違い

🚩 ゴールの姿（資質・能力）

・国会の役割と課題や，国民の代表者としての責務の重さを通して民主政治の基本を理解する
・民主政治の推進のための公正な世論を形成し，政治参加の機会を保障することについて考察し，的確な手段や内容で表現する

👤 子どもの実態

・政治への不信や無関心があり，政治の在り方について考える以前に「政治に期待しても意味がない」とあきらめの感情を抱く子どもは多い
・SNSを活用していても政治的な話題は避ける傾向がある。逆に，一部の子どもは，極端な政治的主張に共感する傾向もある
・数の上では若年層が高齢者よりも少ないため，選挙で意見を反映させづらいという不満をもっている場合がある

📋 学習課題（活動内容） **Start**

・単元を通して，日本では政治家への信頼度が低い原因を分析し，解決策を構想する
・選挙の学習では，選挙の意味や課題をSNSで発信するという設定で意見を表明する。世代間の格差や，国民の分断の問題を把握し，解決の方向性を探る

🔍 効果的な見方・考え方 💬 発問

・民主主義に着目しながら，国会や内閣，選挙や政党の課題について多面的・多角的に考察する

「今の日本の政治の仕組みで，民意を生かすことができるのか？」
「選挙に行く意味がないという意見に対して，何と反論するか？」
「選挙に関わる若い世代の問題とは，本当に投票率の低さなのか？」

🗂 構造化

・デジタル・シティズンシップ教育の一環として，責任のあるSNSの利用方法をシミュレートする
・次の「議会制民主主義」の単元と関連付けて，民主主義の意義と限界を把握し，解決策を構想する

C 私たちと政治

(2)民主政治と政治参加　議会制民主主義

民主主義は多数派が暴走するおそれがあるのに，なぜ最良の政治制度とされるのか？

❶ **Start** ▶ **学習課題** 熟議の視点を取り入れて民主主義の特色を捉える

単元を貫く学習課題は「民主主義は多数派が暴走するおそれがあるのに，なぜ最良の政治制度とされるのか？」です。民主主義は，多数による横暴を引き起こす危険性があります。それを防ぎ，対立から合意へ導くための「最もマシ」な方法として民主主義を機能させる上での課題を明らかにします。

多数決の課題について考える際に，熟議民主主義の概念に即して，議論における傾聴と受容や，異なる主張を生かして自らの立場を修正しようとすることの大切さに気付くようにします。内容としては，国会の委員会や本会議での議論の例や，最高裁で裁判官の判断が分かれた例など，実際の多数決の事例を資料にします。

❷ **効果的な見方・考え方** 民主主義の弱点を克服して改善を図る

特に重視する見方・考え方は効率と公正に加えて，民主主義の概念です。効率と公正については，多数決に効率を求めると手続きの公正さを欠いて，分断を招きます。結果に加えて過程にも納得できる方法を検討します。

民主主義の概念については，民意は１つではないことや，無数にある政治的な課題の優先順位をつけざるを得ないこと，数の力で押し切らないことを考慮します。民主主義は，多様な価値観を前提として，国民の手で仕組みの改善を図ることができる制度です。その実感をするきっかけにします。

❸ **構造化** 学級での自治的な活動の充実を促す

特別活動の内，「学級や学校における生活づくりへの参画」と関連付けます。学級会や委員会での安易な多数決を改めて，自治的な力を高めます。

「議会制民主主義」教材研究の流れ

準備編
基本デザイン
研究の力点
成果のつなげ方
実践編
地理的分野
歴史的分野
公民的分野

🎒 素材

・国会の委員会で僅差で可決された事例
・本会議で党議拘束なしで賛否が分かれた事例
・最高裁で裁判官の判断が分かれた判例
・世論の影響を強く受けて法整備が進んだ事例
・同じテーマに異なる見解を示すメディアの例

📖 内容

・議会制民主主義と熟議民主主義
・国会での議決の仕組み
・政策決定の過程
・世論の形成と政治への影響
・イギリス議会と日本の国会の比較

🚩 ゴールの姿（資質・能力）

・議会制民主主義が政治の原則となっている意義や，多数決の原理と運用上の課題を理解する
・多数決を民主的な議決方法として機能させるために，十分な説得や討論，言論の自由などの前提条件があり，反対意見・少数意見の尊重などの必要があることについて考察し，表現する

👤 子どもの実態

・多数決への誤解があり，1票でも多ければ「勝ち」であり，反対意見や少数意見を無視するのはやむを得ないという意識が根強い
・論理的な議論と，相手を論破することを混同して，賛同者を増やそうと強引な主張や偏った論拠の提示をする場合がある

📋 学習課題（活動内容）　**Start**

・学級会など子どもにとって身近な例から，「ダメな多数決」の条件を見つけ出す
・国会の本会議や委員会で賛否が分かれた法案を例にして，「よい多数決」かどうかを判断する
・熟議の要素を取り入れた多数決の方法を構想する

🔍 効果的な見方・考え方　💬 発問

・効率と公正のうち，手続きの公正に着目する。また，民主主義の欠点を理解した上で，よりよい合意形成の在り方について多面的・多角的に構想する

「民主主義は多数派が暴走するおそれがあるのに，なぜ最良の政治制度とされるのか？」
「少数意見を，どのように具体的に尊重できるか？」
「1票差で決まった場合に，可決された案を支持した人は，本当に喜んで良いのだろうか？」

🔗 構造化

・今後の学習でグループで意見を絞る活動の際には，安易に多数決を採用せず，議論を尽くすことの重要性に気付くようにする
・特別活動と関連付ける。「ダメな多数決」と「よい多数決」の条件を，普段の学級や委員会活動などでの話し合いに適用する

公民
15
的分野

どのような裁判をすれば，納得の有罪や敗訴だと感じるのか？

❶ Start 構造化　納得できる合意の形を追究する

単元を貫く学習課題は「どのような裁判をすれば，納得の有罪や敗訴だと感じるのか？」です。民事裁判では原告と被告は利害が対立しています。刑事裁判でも，被疑者や弁護人と検察官では求める結果は異なります。真逆の立場に置かれた人が納得できる方法について考えます。

政治単元では，納得を目指す学習を繰り返します。ゴールは，自分だけではなく，個々の成員も納得した状況です。**納得解のある合意解**を目指します。

社会では合意に納得しないメンバーがいると，合意内容の履行が困難になります。集団としての合意と個人としての納得を両立させて，よりよい社会を目指して一人一人が主体的に社会参画できるようにします。

❷ 子どもの実態　子どもと一緒に学習課題を修正する

本単元では，有罪や敗訴と常識的には結び付かない「納得の」という修飾語を付けました。当初は「納得のいく結果」という表現だったのですが，ある子どもが「被疑者は納得して有罪になっているのか？」という問いを立て，他の子どもからの支持が多かったので，学習課題を修正しました。子どもの発想を柔軟に取り入れて，学級の実態に合った教材研究を進めましょう。

❸ 内容　感情と法の二者択一ではなく関連付けて法の意義を考える

裁判では，法に従って感情に左右されない判断を下すことで，公正に権利が保障されます。ただし，刑事事件での裁判官による説諭には，感情が込められた言葉がたくさんあります。それらを資料として，人の思いを通して法の価値について考えるきっかけをつくります。

「公正な裁判」教材研究の流れ

準備編
基本デザイン
研究の力点
成果のつなげ方
実践編
地理的分野
歴史的分野
公民的分野

素材

・NHK「昔話法廷」の動画と資料
・日本の司法制度の図解（刑事・民事・三審制）
・刑事事件での裁判官による説諭の資料
・最高裁の「裁判員等経験者に対するアンケート」と「裁判員制度の運用に関する意識調査」

内容

・裁判官，検察官，弁護士の働き
・裁判員制度など司法制度改革による変化
・個人と社会を守るための法の役割
・司法における公正な手続きの整備
・司法権の独立と三権分立の意義

ゴールの姿（資質・能力）

・法に基づく公正な裁判の実現が，国民の権利の保障と社会秩序の維持につながることを理解する
・民主政治を推進するために，国民が司法制度に対して納得感をもち，世論の支持が得られるような仕組みづくりについて考察し，司法に求められる役割を的確に表現する

子どもの実態

・子どもは勧善懲悪に近い感覚をもっていたり，犯罪に対して公正よりも処罰を重視したりする傾向がある
・裁判を身近に感じている子どもは少ない
・子どもの素朴概念を生かし，司法に関する問いや学習課題をつくる。例えば，「被疑者は納得して有罪になっているのか？」などが考えられる

学習課題（活動内容）

・司法において，法に基づく判断と素朴な感情に基づく判断に溝が生じる理由を分析し，司法の目的を短い言葉や比喩で表現する
・社会としての合意と個人としての納得が両立するような司法のしくみや裁判の過程について，裁判のチャートや司法に関わる人物相関図で表現する

構造化 Start

・政治単元では，本単元を含めて納得解と合意解が両立するような課題解決を目指す
・選挙や地方自治の学習と関連付ける。18歳で成人となった時に，個々の子どもが市民として社会参画し，よりよい社会の実現に貢献する方法を構想する

効果的な見方・考え方 ・発問

・法の支配の視点に着目して，司法判断の基準や妥当性を検証する。対立から合意に至る経緯や公正な手続きの方法について，多面的・多角的に考察する

「どのような裁判をすれば，納得の有罪や敗訴だと感じるのか？」
「もし怒りや同情などの感情で判決を変えると，どのような問題が起きるか？」

都市に住む人が，なぜ自分の町を「田舎」と呼ぶのか？

❶ Start ▶ 子どもの実態 地域を肯定できない背景を探る

　地理の地域の課題や公民の地方自治の学習をしていると，子どもたちから地域を卑下する言葉が出てくることがあります。例えば，私が勤務する函館市の子どもからは「函館は田舎だから…」という意見を，21世紀の初頭でも現在でも耳にしたことがあります。このような地域を肯定できない感情の背景として，地域の課題を明らかにし，町づくりの在り方を考えます。

❷ 発問 地域間や地域内の格差に気付くような問いをつくる

　単元を貫く学習課題は「報酬がないのに，学生が町づくりに関わる意味はあるのか？」です。その中で，子どもの実態を生かして「都市に住むのに，なぜ『田舎』と呼ぶのか？」と発問します。さらに，「都会へのあこがれは，地方自治にどのような負の影響を与えるのか？」と，地域への意識が地方自治に与える影響に着目するように促します。地域間や地域内の格差の課題を把握し，地域住民が多様な立場を生かして町づくりに参画するようにします。

❸ 活動内容 分析から始めて「町づくりごっこ」を超える

　学校所在地の近隣での「子ども議会」に関する新聞記事を資料として提示し，「子ども議会は政治に影響を与えているのか？」と発問します。

　あるグループは，「議会が1回限りなら，町づくりごっこレベル」という厳しい評価が出ました。そして，子ども議会を継続する他，議会の委員会に当たる組織を作って政策の提言など具体化を図るべきだと主張していました。現状の取組を批判的に分析した上で，子どもという立場を生かして，地方自治に対して最も大きな影響を与える方法を模索します。

「地方自治」教材研究の流れ

🧦 素材

- 市町村や都道府県の「幸福度」調査の結果
- 地域での街頭や家族へのインタビュー結果
- 統計局の社会生活統計指標
- 子ども議会に関する広報や報道の資料
- 市町村の予算執行状況や独自の条例案

📖 内容

- 住民自治の考えと地方公共団体の役割
- 地方公共団体の財政と課題
- 直接請求権と住民参加，住民の義務
- 子どもが地方自治に意見を反映させるための場の設定と手続き

🚩 ゴールの姿（資質・能力）

- 住民の福祉の実現に関わって，住民自治を基本とする地方自治の考え方について理解する
- 地域に対する否定的な感情について，その背景となる地域の課題を見出し，住民自治と福祉の視点からの解決策について構想を練り，表現する

👤 子どもの実態 **Start**

- 家庭の経済状況等の違いの実感から，地域内や地域間の格差に対して敏感に反応する子どもがいる
- 都会に住んでいるのに，地域のことを「田舎で楽しみがない」と表現するなど，実態より低く評価する場合がある。その感情を否定せずに，背景にある地域の課題に目を向けるようにする

📋 学習課題（活動内容）

- 住民の声や行政の予算などを参考に，地域の課題を明らかにして，改善案や条例案の提言を準備する
- 子どもが町づくりに参画する方法として，公的なチャンネル（行政や地方議会に声を届ける方法）と，私的なチャンネル（オンライン等で子どもが独自に発信する方法）の2通りの方法で提言を行う

🔍 効果的な見方・考え方　💬 発問

- 民主主義の視点に着目して，地域への意識が地方自治に与える影響と多様な立場を生かした住民参画の在り方について，多面的・多角的に構想する

「報酬がないのに，学生が町づくりに関わる意味はあるのか？」
「都市に住むのに，なぜ『田舎』と呼ぶのか？」
「都会へのあこがれは，地方自治にどのような負の影響を与えるのか？」

🗂 構造化

- 地理の最終単元の「地域の在り方」の学習成果を生かす。本単元では，地方自治の基本的な考え方を反映させて，地方公共団体の財政や政策への提言や条例案の提案など，具体的な行動につなげる
- 地域の行政機関や地方議会，町内会，商工会と連携して，単元を通して継続的に子どもの構想への形成的評価を行う体制をつくる

そもそも国際連合には, 地球規模の課題を解決する機能があるのか?

❶ Start　活動内容　2100年まで通用する組織に改革する

　単元を貫く学習課題は「現代の地球規模の課題を解決するために国際連合を改革するとしたら, 具体的にどのように組織を整えて権限を変えるのか?」です。国際連合の働きを通して, 世界平和やすべての人類の福祉の増大, SDGs の達成などの課題の解決のために大切なことについて考えます。

　単元のまとめでは, 国際連合憲章の前文に追記をします。小説や漫画のその後を創作するような, なんでもありの活動にはしません。追加する条件に「地球環境, 資源・エネルギー, 貧困, 紛争などの解決を目指して, 2100年まで通用する表現を加えること」と基準を定めます。「2100年まで」という基準が, 持続可能性の見方・考え方を働かせることにつながります。

❷ 発問　難解な問いほど根本に立ち返る

　先行き不透明な現代において, すでに存在する地球規模の課題に対応しながら, 将来起こりうる課題を想定するのは難しいことです。だからこそ, 国際連合の役割と同時に限界を理解し, 各国や自分にできることを考えます。

　その際, 「そもそも国際連合には, 地球規模の課題を解決する機能があるのか?」や「そもそも, 課題がゼロになる時は来るのか?」と, 議論の前提を問うようにします。出発点に戻ることで, ゴールを再設定します。

❸ 構造化　日本の国際貢献の方法を考えて次の単元につなげる

　国連改革を考える中で, 日本の果たすべき役割について構想します。本単元で国際協調について理解を深めます。その知識を生かして, 次の「よりよい社会を目指して」の単元では, 子どもたちが各自で課題を設定します。

「国際連合の働き」教材研究の流れ

✂ 素材
- 国際連合憲章
- 国連で採択された条約や規約の年表と概要
- 国連の組織図と各機関の役割の概要
- 国連改革に関する新聞記事や各国の主張

📖 内容
- SDGsから考える地球規模の課題
- 国家の主権尊重と国家間の紛争
- 民間の国際協力の推進と交流
- 世論に見る他国の印象の変化
- 国際連合の役割と限界，国連改革

🚩 ゴールの姿（資質・能力）
- 地球規模の課題の解決のためには，国家の相互の主権の尊重と協力，国民の相互理解，国際機構の役割などが重要であることを理解する
- 国際連合の働きを通して，世界平和や人類の福祉の増大，SDGsの達成に向けた課題を把握して，解決の構想をする

👤 子どもの実態
- 地球規模の課題については，切実性を抱きづらい。そこで，これまでの学習成果を振り返ることで，習得した知識を活用し，生活と教科書の内容を関連付けるようにする
- 「（国連憲章に）付け足す」という活動については，創作の方向性に悩む子どもが多い。基準を示すことで，学習活動に参加しやすくする

📋 学習課題（活動内容）　Start
- 国際連合の設立時と現在を比較し，国際社会で継続する課題と，新たに生じた課題を図解で表現する
- 国際連合憲章の制定時には十分に想定できなかった地球規模の課題に対応するために，前文に追記する。2100年まで通用する文章に改善する

🔍 効果的な見方・考え方　💬 発問
- 国際協調や持続可能性に着目して，現在に加えて将来を含めた地球規模の課題への対策を構想する

「現代の地球規模の課題を解決するために国際連合を改革するとしたら，具体的にどのように組織を整えて権限を変えるのか？」
「そもそも国際連合には，地球規模の課題を解決する機能があるのか？」
「そもそも，課題がゼロになる時は来るのか？」

🏛 構造化
- 地理的分野の文化や宗教の多様性に関する学習や，歴史的分野の現代の紛争に関する学習成果を生かす
- 本単元で国際協調や国際平和における課題を把握した上で，次の「よりよい社会を目指して」の単元で，子どもが個々に課題を設定して解決への構想を練る

公民
18
的分野

> D 私たちと国際社会の諸課題
> (2)よりよい社会を目指して　持続可能な社会の実現

SDGs を達成すれば，人類は幸せになるのか？

❶ Start　子どもの実態　歯ごたえと「大河の一滴」で自分の課題にする

単元を貫く学習課題は「SDGs を達成すれば，人類は幸せになるのか？」です。社会科の最後の単元として，歯ごたえがあって解決の方向性が見えづらい課題を設定します。子どもにとっては，SDGs の理念には賛同しても，行動を徹底するのは難しいと感じたり，自分 1 人が行動しても意味がないと考えたりすることがあります。その壁を仲間と乗り越えることを目指します。

世界を大きく変える行動ができるのは，限られた人だけです。「大河の一滴」や「ハチドリのひとしずく」のように，社会の一員としてできることを続ける意義について考えます。また，行動を継続する原動力は，納得のいく目標設定と，共に歩みを続ける仲間の存在であると気付くきっかけにします。

❷ 発問　正しいとされる概念を疑って高次の目標を構想する

単元の最初には，「SDGs の達成を妨げるものは何か？」と SDGs の達成の困難さを確認します。そこから，「そもそも，SDGs には矛盾や実現不可能なものはないのか？」と SDGs という課題設定自体を批判的に検証します。そうすると，SDGs のゴールやターゲットの項目同士の矛盾や，SDGs では不足している目標が見えてきます。SDGs を高尚なものに感じると，客観的な評価をしづらくなります。「そもそも」と議論の前提となる枠組みに目を向けることで，本当に重視すべきことが見えるようにします。

❸ 効果的な見方・考え方　社会的な見方・考え方を働かせる

課題の難度が高い分，考える道筋は複数あります。そこで，地理・歴史・現代社会の見方・考え方を統合して社会的な見方・考え方を働かせます。

「持続可能な社会の実現」教材研究の流れ

🧤 素材

- ミレニアム開発目標とSDGsを比較する資料
- 日本政府や地方公共団体、地域の企業の SDGsに関する取組の資料
- SDGsに関する全国アンケート調査

📖 内容

- ミレニアム開発目標とSDGsの関連性
- SDGsの達成上の障壁と課題
- SDGsの限界と新たな目標の設定
- ウェルビーイングの実現への課題
- よりよい社会のために子どもができること

🚩 ゴールの姿（資質・能力）

- 持続可能な社会を形成するために解決すべき課題 を見出し、解決への条件や手順を構想する
- 持続可能性の実現を内包しながら、よりよい社会 をつくるための新たな目標について構想する
- 地球規模の課題を考え続ける重要性を理解する

👤 子どもの実態　Start

- 歯ごたえのある課題に挑むこ とで、学習意欲を喚起する。 SDGsという否定しがたい概 念を批判的に捉え直し、より よい形につくりかえるという 挑戦をする
- 特別な影響力を発揮したが り、地道な行動の継続には魅 力を感じない場合がある
- 模範解答的な行動表明で終わ らせずに、これからの生き方 に目を向けるように促す

📋 学習課題（活動内容）

- SDGsのいくつかのゴールを例に、達成の課題と中 学生がすべき行動指標を提案する
- SDGsのゴールやターゲット間の矛盾や、SDGsでは 不足している目標を探る
- SDGsの上位目標を構想して、オリジナルのピクト グラムと解説文を作成する

🗂 構造化

- 見方・考え方については、 小学校と違って中学校では 地理、歴史、現代社会と3 つに分けて働かせる場合が 多い。本単元では課題解決 の視点が多岐にわたるため、 「社会的な見方・考え方」と して分野に左右されずに、 あらゆる思考の視点や思考 方法を活用する

🔍 効果的な見方・考え方　💬 発問

- 持続可能性に着目して、社会的な見方・考え方を働 かせながら、よりよい社会を築くためにすべきこと やしたいことについて多面的・多角的に構想する

「SDGsを達成すれば、人類は幸せになるのか？」
「SDGsの達成を妨げるものは何か？」
「SDGsには矛盾や実現不可能なものはないのか？」
「一人のカリスマの行動と、多数の名もなき人々の行 動は、どちらが社会に影響を与えるのだろうか？」

D 私たちと国際社会の諸課題
(2)よりよい社会を目指して　最後の社会科学習

この教科を何と呼ぶか？

❶ Start ▍ 構造化　最初に問い，最後に再び問う

　最後の授業では，社会科の学習全体のまとめを行います。私の場合，中学3年生の最後，つまり7年間の社会科学習の最後に実施しますが，中3の担当ではない時も，年度末の最後の授業で同じ学習をデザインします

　社会科に，新しい呼び名を付ける活動を行います。ポイントは，年度初めに同じ活動を行うことです。最初の考えと比較し，学習の歩みを俯瞰します。

❷ ▍ 活動内容　社会科の新しい呼び名を付けて学ぶ目的を考える

　社会科に別の呼び名を付けることを通して，社会科を学んだ意義について考えます。さらに，「なぜ社会科を学ぶのか？」という問いに対する回答を考えます。これも，授業開きと同じ問いです。1年間，同じ教室で学んできた経験や，7年間にわたって社会科を学んだ経験をふりかえって，学ぶ意義について考えます。1年単位でも，考えの変容が確実に見られます。最後には「社会科の学習であなたはどう変わったか？　それはなぜか？」を考えます。

❸ ▍ 素材　究極のふりかえりで学んだことを自覚して学ぶ意味を見出す

　資料は3種類です。1つ目は，小学校3年生から公民までの社会科の教科書です。2つ目は，学習指導要領の解説で，公的な目標を確認するために資料にします。解説は生成AIにデータを貼り付けて要点をまとめる命令を出すと，一気に参照しやすくなります。学ぶ意味を高い視座から理解します。

　3つ目の資料は，子ども一人一人の学習履歴です。単元のまとめやふりかえりシートを使います。これらを活用して学びの足跡を認識し，これから進む道を構想します。子どもたちには「究極のふりかえりです」と伝えます。

「最後の社会科学習」教材研究の流れ

🧤 素材
- 小学校から中学校までの社会科の教科書
- 小・中学校の学習指導要領解説（社会編）
- これまでの学習で作成した単元のまとめやふりかえりシートなど学習履歴がわかる資料

📖 内容
- これまでの社会科学習のふりかえり
- 社会科を学ぶ公的な意義と目標
- 生成AIが分析する社会科を学ぶ目的
- 社会科を学ぶ意味についての納得解
- 学びによる成長と人格の完成の意識化

🚩 ゴールの姿（資質・能力）
- 社会科を学習する意義について，見方・考え方と関連付けながら自己の変容に目を向けて，他者の考えを尊重した上で自分の考えをもつ
- これまで形成した公民としての資質・能力を認識し，公的な目標と個人としての学びの目的を関連付けて，社会科を学ぶ意味について考察する

👤 子どもの実態
- 学習全体をふりかえろうとすると，参照するデータが多すぎて混乱する。そこで，教科書の目次や生成AIによる要約を活用する。また，印象に残った学習ベスト3を考えて，それを出発点に学習をふりかえる
- 社会科の別名を考える活動では，「やっぱり社会科がぴったり」という意見が出る場合がある。その理由を聞くことで，学ぶ意味を多面的・多角的に考えるように促す

📋 学習課題（活動内容）
- 社会科を別の呼び名で表現する
- これまでの社会科の学習をふりかえって，社会科の時間に仲間と学んだことの意味について，小学生にも伝わるように平易な言葉で表現する
- 社会科の学習を通して，自分が変容したことをまとめ，学びがこれからの人生に与える影響を考える

🏗 構造化
Start
- 「この教科を何と呼ぶか？」と「なぜ社会科を学ぶのか？」は，4月の授業開きで問い，最後の授業でもう一度問う。それによって，認識の変容や成長を実感できるようにする
- 子どもが学んできた社会科を全体的にふりかえって，学ぶ意味を追究する

🔍 効果的な見方・考え方　💬 発問
- これまで鍛えてきた見方・考え方を総合した「社会的な見方」を働かせ，教科の本質や学ぶことの意味について多面的・多角的に考察する

「この教科を何と呼ぶか？」
「なぜ社会科を学ぶのか？」
「社会科の学習であなたはどう変わったか？　それはなぜか？」

付録　教材研究に役立つ参考資料集

＊著者名五十音順。「2　素材や内容」のみ，学習指導要領の単元順

I　教材研究の理論に関する参考資料

有田和正『名著復刻　教材発掘の基礎技術』明治図書，2015

井ノ口貴史・倉持祐二『社会認識を育てる教材・教具と社会科の授業づくり』三学出版，2015

全国社会科教育学会編『優れた社会科授業づくりハンドブック』明治図書，2022

棚橋健治・木村博一編著『社会科重要用語事典』明治図書，2022

日本教材学会編『教材学概論』図書文化社，2014

宗實直樹『宗實直樹の社会科授業デザイン』東洋館出版社，2021

宗實直樹編著『社会科教材の追究』東洋館出版社，2022

2　素材や内容に関する参考資料

地理

「どこでも方位図法」https://maps.ontarget.cc/azmap/

遠藤乾『欧州複合危機』中央公論新社，2016

「NHK スペシャル」取材班『アフリカ 資本主義最後のフロンティア』新潮社，2011

「国土数値情報ダウンロードサイト」 https://nlftp.mlit.go.jp/ksj/

「地理院地図 / GSI Maps」 https://maps.gsi.go.jp

「東日本大震災アーカイブ」https://shinsai.mapping.jp/

「忘れない 震災遺族10年の軌跡」https://iwate10years.archiving.jp/

「台風リアルタイム・ウォッチャー」https://typhoon.mapping.jp/

「港湾統計」https://www.mlit.go.jp/k-toukei/R3genkyo.html

「キッズすたっと」https://dashboard.e-stat.go.jp/kids/

「統計ダッシュボード」https://dashboard.e-stat.go.jp/

「統計で見る日本」https://www.e-stat.go.jp/

「ソニー生命　47都道府県別　生活意識調査2022」
https://www.sonylife.co.jp/company/news/2022/files/221215_newsletter.pdf

「地域ブランド調査」https://news.tiiki.jp/05_research/survey2022

日本総合研究所『全47都道府県幸福度ランキング（2022年度版）』日総研出版，2022

歴史

ユヴァル・ノア・ハラリ，柴田裕之訳『サピエンス全史』，河出書房新社，2016

妹尾達彦『グローバル・ヒストリー』中央大学出版部，2018

加藤雄三ほか編『東アジア内海世界の交流史』人文書院，2008

荒野泰典『「鎖国」を見直す』岩波書店，2019

「古地図コレクション」https://kochizu.gsi.go.jp/

飯田未希『非国民な女たち』中央公論新社，2020

「ヒロシマ・アーカイブ」https://hiroshima.mapping.jp/

「ナガサキ・アーカイブ」https://nagasaki.mapping.jp/

ハル・ビュエル『ピュリツァー賞 受賞写真 全記録 第2版』日経ナショナルジオグラフィック社，
2015

「国立国会図書館デジタルコレクション」https://dl.ndl.go.jp/

「e 国宝」http://emuseum.nich.go.jp/

「JAPAN SEARCH」https://jpsearch.go.jp/

「国指定文化財等データベース」https://kunishitei.bunka.go.jp/bsys/index

公民

「白書シリーズ Web 版」https://www.gakken.jp/kyouikusouken/whitepaper/index.html

「e-Gov 法令検索」https://elaws.e-gov.go.jp/

「子どものくらしとお金に関する調査」
https://www.shiruporuto.jp/public/document/container/kodomo_chosa/

「地域経済分析システム RESAS」https://resas.go.jp

「財政に関する資料」https://www.mof.go.jp/tax_policy/summary/condition/a02.htm

「総務省統計局」https://www.stat.go.jp/data/index.html

「年代別投票率」https://www.soumu.go.jp/senkyo/senkyo_s/news/sonota/nendaibetu/

「昔話法廷」https://www.nhk.or.jp/school/sougou/houtei/

「SDGs に関する全国アンケート調査の結果」
https://www.chisou.go.jp/tiiki/kankyo/kaigi/sdgs_enquete_chosa.html

「日本の領土をめぐる情勢」https://www.mofa.go.jp/mofaj/territory/

「OECD の主要指標」https://www.oecd.org/tokyo/statistics/

「SDGs CLUB」https://www.unicef.or.jp/kodomo/sdgs/

「ウクライナ 戦時下の復興 キーウ近郊からの報告」
https://www.yomiuri.co.jp/world/ukraine-reconstruction/

3 学習のゴールの姿(資質・能力)に関する参考資料

小塩真司編著『非認知能力 概念・測定と教育の可能性』北大路書房,2021

国立教育政策研究所教育課程研究センター『「指導と評価の一体化」のための学習評価に関する参考資料【中学校 社会】』東洋館出版社,2020

白井俊『OECD Education2030プロジェクトが描く教育の未来:エージェンシー,資質・能力とカリキュラム』ミネルヴァ書房,2020

文部科学省『小学校学習指導要領(平成29年告示)解説 社会編』日本文教出版,2018

文部科学省『中学校学習指導要領(平成29年告示)解説 社会編』東洋館出版社,2018

文部科学省『高等学校学習指導要領(平成30年告示)解説 地理歴史編』東洋館出版社,2019

文部科学省『高等学校学習指導要領(平成30年告示)解説 公民編』東京書籍,2019

4 子どもの実態に関する参考資料

キース・R・ソーヤー編著『学習科学ハンドブック 第二版 第I巻:基礎/方法論』北大路書房,2018

佐伯胖『「学び」の構造』東洋館出版社,1975

ジョン・ハッティ,グレゴリー・イエーツ,原田信之他訳『教育効果を可視化する学習科学』北大路書房,2020

チャールズ・M・ライゲルースほか編,鈴木克明監訳『学習者中心の教育を実現するインストラクショナルデザイン理論とモデル』北大路書房,2020

宗實直樹『社会科の「つまずき」指導術』明治図書,2021

5 学習課題や活動内容に関する参考資料

石井英真『授業づくりの深め方』ミネルヴァ書房,2020

大木浩士『博報堂流　対話型授業のつくり方』東洋館出版社，2020

「CoREF」https://ni-coref.or.jp/coref

木下竹次『学習原論』明治図書，1972

白水始『対話力』東洋館出版社，2020

松下佳代『対話型論証による学びのデザイン　学校で身につけてほしいたった一つのこと』勁草書房，2021

村田辰明編著『実践！社会科授業のユニバーサルデザイン 展開と技法』東洋館出版社，2019

森分孝治『現代社会科授業理論』明治図書，1984

6　見方・考え方や発問に関する参考資料

安斎勇樹『問いかけの作法　チームの魅力と才能を引き出す技術』ディスカヴァー・トゥエンティワン，2021

安斎勇樹・塩瀬隆之『問いのデザイン　創造的対話のファシリテーション』学芸出版社，2020

澤井陽介・加藤寿朗編著『見方・考え方［社会科編］「見方・考え方」を働かせる真の授業の姿とは？』東洋館出版社，2017

ダン・ロススタイン，ルース・サンタナ，吉田新一郎訳『たった一つを変えるだけ：クラスも教師も自立する「質問づくり」』新評論，2015

宗實直樹『深い学びに導く社会科新発問パターン集』明治図書，2021

7　学習の構造化に関する参考資料

北俊夫『社会科学力をつくる"知識の構造図"―"何が本質か"が見えてくる教材研究のヒント―』明治図書，2011

澤井陽介『図解　授業づくりの設計図』東洋館出版社，2020

横田富信『小学校社会　問題解決的な学習の支え方』明治図書，2022

渡部竜也・井手口泰典『社会科授業づくりの理論と方法―本質的な問いを生かした科学的探求学習―』明治図書，2020

あとがき

　20年近く教壇に立ってきた日々をふりかえると，若い頃は特別な授業をつくりたいという願望が強かったように思います。新卒2年目と4年目の時には，大きな研究大会で授業をする機会にも恵まれました。その頃の私は，情けない話ですが，特別な場で授業を行う状況に重圧と高揚を感じ，子どもたちの学びに十分には目を向けていなかったと反省しています。

　そして，都市部の初任校に5年勤めた後に，へき地にある全校生徒が十数人の学校に転勤しました。心と時間に余裕が生まれる中で，特別な授業よりも，毎日の授業にひと工夫をしたいという気持ちが強くなりました。そして，個人的な欲ではなく，目の前の子どもたちの学びを豊かにすることが教材研究の動機になりました。それは今も変わりません。子どもと向き合う現場の教員だからこそ，子どものためになる教材研究ができると考えています。

　それから十数年が経ち，これまで2000人以上の子どもたちと，1万回を超える授業をしてきました。思い返すとすごい数です。子どもたちが学ぶ姿に手ごたえを感じる時もあれば，「この子の力を引き出せなくて，申し訳ない」と力量のなさに悩むこともあります。むしろ，うまくいかないのが当たり前なのかもしれません。今でも毎日が反省です。学べば学ぶほど，わからないことや悩みが増えてきます。同時に，もっと研究したいという気持ちが高まります。教材研究には，やみつきになる不思議な魅力があります。

　また，教材研究に関わって，今後は生成AIとの向き合い方を考えていかなければいけないと強く感じています。AIの急速な普及は授業づくりにとどまらずに，学校教育，そして社会を大きく変化させることでしょう。

　私は2023年の2月頃から生成AIを取り入れた学習を行っています。試し続けながら子どもと感想を交流すると，大きく2つの気付きがありました。1つは，AIは堂々と間違えることです。もう1つは，AIは迷いがない故に，

白黒をはっきりさせたきれいすぎる回答が多いことです。

　社会科の学習では，あいまいでグレーな部分にキラキラと輝く考えが埋もれている場合があります。わかりやすさや上手な説明ばかりを求めずに，もやもやとした感覚を大切にして，あいまいな部分を見つけることが，社会科で扱う概念に迫るきっかけになります。そのもやもやした部分を解明するために仲間と対話をして，合意解と納得解を導き出すことに，顔を合わせて学ぶ意味があると考えます。正しさを疑わずに滞りなく進むのではなく，立ち止まったり戻ったりしながら，手探りで一歩一歩進むことの大切さを実感できるような学習をデザインしたいと思います。AIとうまく付き合いながら，新しい時代に対応した教材研究を模索するのが今後の大きな課題です。

　さて，本書は私の11冊目の単著です。出版という貴重な機会を与えてくださった明治図書出版の皆様に，厚く御礼申し上げます。

　何より，編集者の大江文武さんにはこれまでと同様に企画と編集を担当していただきました。図解とフローチャートを使って教材研究の理論と実践を紹介するという本書のコンセプトは，大江さんの発案です。二人三脚というより，大江さんに先導をしていただいて，本書が完成しました。原稿の執筆にもICTを活用した新しい手法を取り入れて，読みやすくも歯ごたえのある本ができたと感じています。あらためまして，心より感謝を申し上げます。

　教材研究には，子どもの存在が不可欠です。それに加えて，仲間の存在も必要です。私にとっては，本書を手にした先生方は「研究仲間」です。教壇に立ったばかりの方も，ベテランの方も，社会科の学びの世界を進む仲間です。よりよい社会の創り手を育てるための学びのデザインについて，先生方が研究を深めるきっかけとして，本書が少しでもお役に立つとうれしいです。

2023年12月

川端　裕介

【著者紹介】
川端　裕介（かわばた　ゆうすけ）

現在，北海道函館市立亀田中学校に勤務。
1981年札幌市生まれ。北海道教育大学札幌校大学院教育学研究科修了（教育学修士）。函館市中学校社会科教育研究会研究部長。NIE アドバイザー。マイクロソフト認定教育イノベーター（MIEE）。
社会科教育では，平成24年度法教育懸賞論文にて公益社団法人商事法務研究会賞，第64回読売教育賞にて社会科教育部門最優秀賞，第29回東書教育賞にて奨励賞などの受賞歴がある。また，学級通信を学級経営に活用し，第13回「プリントコミュニケーションひろば」にて最優秀賞・理想教育財団賞，第49回「わたしの教育記録」にて入選などの受賞歴がある。

［著書］
『豊富な実例ですべてがわかる！中学校クラスが輝く365日の学級通信』（2018）
『中学校生徒とつくる365日の教室環境』（2020）
『単元を貫く学習課題でつくる！中学校地理の授業展開＆ワークシート』（2019），『同歴史』（2019），『同公民』（2020）
『川端裕介の中学校社会科授業』シリーズ（2021～2022）
『教師の ON/OFF 仕事術』（2022）
『学級リーダーの育て方』（2023，いずれも明治図書出版）

図解＆フローチャートでわかる
中学校社会科教材研究のすべて

2024年2月初版第1刷刊　Ⓒ著　者　川　　端　　裕　　介
2024年5月初版第2刷刊　　発行者　藤　　原　　光　　政
　　　　　　　　　　　　　発行所　明治図書出版株式会社
　　　　　　　　　　　　　　　　　http://www.meijitosho.co.jp
　　　　　　　　　　　　　（企画）大江文武（校正）奥野仁美
　　　　　　　　　　　　　〒114-0023　東京都北区滝野川7-46-1
　　　　　　　　　　　　　振替00160-5-151318　電話03(5907)6701
　　　　　　　　　　　　　　　　ご注文窓口　電話03(5907)6668
＊検印省略　　　　　　　　組版所　長野印刷商工株式会社

Printed in Japan　　　　　　　　ISBN978-4-18-246122-4
もれなくクーポンがもらえる！読者アンケートはこちらから